本书为"贵州基层社会治理创新高端智库"成果

"传统村落与乡村振兴"丛书

平地营 清水江畔 一个苗寨的历史、社会与文化

PINGDIYING QINGSHUIJIANG PAN YIGE MIAOZHAI DE LISHI SHEHUI YU WENHUA

刘　锋　张乾才　刘跃明 / 著

贵州大学出版社
Guizhou University Press

图书在版编目（ＣＩＰ）数据

平地营：清水江畔一个苗寨的历史、社会与文化 /
刘锋, 张乾才, 刘跃明著. -- 贵阳：贵州大学出版社,
2019.12
　（传统村落与乡村振兴丛书）
　ISBN 978-7-5691-0302-1

Ⅰ.①平… Ⅱ.①刘… ②张… ③刘… Ⅲ.①苗族 –
村落 – 概况 – 黔东南苗族侗族自治州 Ⅳ.①K927.35

中国版本图书馆CIP数据核字(2020)第117347号

平地营：清水江畔一个苗寨的历史、社会与文化

著　　者：刘　锋　张乾才　刘跃明

出 版 人：闵　军
责任编辑：高佩佩
装帧设计：陈　丽　方国进

出版发行：贵州大学出版社有限责任公司
　　　　　地址：贵阳市花溪区贵州大学北校区出版大楼
　　　　　邮编：550025　电话：0851-88291180
印　　刷：贵阳精彩数字印刷有限公司
开　　本：710 毫米×1000 毫米　1/16
印　　张：13
字　　数：195千字
版　　次：2019年12月第1版
印　　次：2019年12月第1次印刷

书　　号：ISBN 978-7-5691-0302-1
定　　价：60.00元

总　序

◎李建军

中国传统村落和民族特色村寨，均是指形成较早，拥有物质形态和非物质形态，具有一定历史、文化、科学、艺术、经济、社会价值，应予以保护的村落。传统村落被认为是农耕文明的"活化石"。随着我国工业化、城镇化的快速推进，传统村落正迅速消失，面临着消亡的危机。2000年，我国的自然村总数为363万个，到2010年锐减为271万个，这对传统的农耕国家来说是个惊人的数字，它显示了村落消亡势头的迅猛和不可阻挡，也警示我们传统村落的拯救与保护刻不容缓。因此，自2012年4月起，国家住房和城乡建设部、文化部、国家文物局、财政部联合开展了中国传统村落的系统调查。同年9月，上述部委联合成立了由民俗学、建筑学、规划学、艺术学、人类学、遗产学等专家组成的专家委员会，评审、编制"中国传统村落名录"。

贵州一直以来都是一个多民族共居的省份，丰富的少数民族文化和独特的少数民族风情构成了贵州独具魅力的风景线，民族特色村寨遍布各地。贵州又是我国传统村落的"大本营"，传统村落与丰富多彩的非物质文化遗产交相辉映，具有分布密集、保存完整、民族特色鲜明的特征。2016年，贵州启动了评选、保护少数民族特色村寨的活动；2017年，贵州省人民政府颁发了《贵州省传统村落保护和发展条例》。根据相关记载，截至2019年底，中国传统村落数量已达到6819个，其中贵州省有724个，占全国总数的10.62%，位列全国之首；贵州省的全国少数民族特色村寨共计312个，占全国总数的18.89%，位居全国第一；贵州省级少数民族特色村寨共计1329个。数量众多的传统村落和少数民族特色村寨，是贵州山地文化和农耕文明的结晶，是贵州民族历史文化的重要载体和靓丽的文化软实力名片。在贵州，"看得见山，望得见水，记得住乡愁"的美丽乡村景观比比皆是，这对巩固脱贫成果、建设美丽乡村和推进乡村振兴战略具有极为重要的价值。保护和发展传统村落、民族特色村寨，无疑是贵州乃至全国一项集保护传统、传承文化、留住乡愁、振兴乡村、全面小康、人与自然和谐共生为一体的系统而又重要的工程。而利用民族学、历史学、文化学、社会学、人类学等学科理论与研究方法，记录传统村落的民风民俗、精神风貌、地方性知识、文化教育，寻找传统村落依托资源、因地制宜、绿色发展、可持续发展之路，探究传统村落"保护优先、突出特色、科学规划、活态传承、合理利用"之策，不仅势在必行，而且迫在眉睫。

正是基于上述诸端，贵州大学历史与民族文化学院于 2019 年启动了"传统村落与乡村振兴"中长期持续联动项目。项目第一期主要聚焦于传统村落、少数民族特色村寨富集的黔东南苗族侗族自治州，选取其中最为典型、最具范式意义的村落 13 个，按照一村一题、一村一书的形式，结合当地实情和田野调查素材，从方志著述、历史研究、史志结合、村落保护等角度展开研究。呈现于读者面前的是由贵州大学出版社出版的首批项目成果。

该丛书以马克思列宁主义、毛泽东思想、邓小平理论、"三个代表"重要思想、科学发展观、习近平新时代中国特色社会主义思想为指导，坚持辩证唯物主义和历史唯物主义的立场、观点和方法，存真求实，注重知识性、学术性与资治性的结合，较为全面、客观、系统地记述了村落的发展变化进程和改革开放成果，在内容上体现了特色鲜明、个性突出而又科学系统的特征。丛书图文并茂，文字严谨、朴实、简洁、通俗，注重记叙性与可读性、资料性与学术性的统一。在传承和抢救乡土历史文化、激发爱国爱乡情怀、保护发展传统村落和民族特色村寨、实现乡村振兴等方面具有积极意义和重要价值。

贵州大学是我国西部地区历史悠久的综合性大学。学校正在紧紧围绕立德树人的根本任务，加快推进"双一流"高水平大学的建设。百余年来，特别是在改革开放以来的办学进程中，学校十分注重学生自信心、自豪感、自主性、创造性的提升，尤其高度重视文科的人才培养、科学研究、服务社会、文化传承创新与国际合作交流等工作。全面推进和深入开展"新文科建设"和"大地论文"工程已成为学校内涵发展、质量提级的重要途径。学校期待文科师生在科学研究与人才培养上以党的教育方针和习近平总书记关于高等教育的讲话精神为引领，紧密结合贵州"三大战略"，走进乡村联系实际，深入调查科学研究，产出一批批源于大地、服务发展的优秀成果，为实现全面小康，为开创百姓富、生态美的多彩贵州新未来做出更多、更大的贡献。

是为序。

序 一

◎刘　锋[①]

　　这是关于我家乡的一本书。撰写者是我的同乡、同学，源于彼此的协商，以及他们一诺千金的践行，因此写序也就成了我义不容辞的责任与义务。平地营是我们家乡施秉县马号镇的一个自然寨，居民均为苗族，位于清水江北岸，与台江县的塘龙、施洞一衣带水，隔江相望。

　　家乡是温馨的，它不但养育了我们，而且绘就了我们的人生底色。在家乡的人热爱家乡那是自然的，因为那里是生活的全部。远方的游子，则对它尤其想念，因为外边的事物，总是以它作为参照系去判断的。也就是说，家乡是认知、衡量事物的一把尺子。家乡存在于游子心中。无论是衣锦还乡，还是无颜见江东父老，家乡总是一种不可回避的价值存在。所谓落叶归根，寻觅精神家园或留住乡愁，在某种程度上，也就是精神或肉体回归温馨的家乡。家乡各具特色，但人们会赋予它深沉的爱，这自然包含了情感的偏爱，这份偏爱植根于养育之恩。又或许人需要偏爱，毕竟有了偏爱才能支撑起生活的重负，才能做事不累。

　　然而我们对家乡的爱，不仅仅是偏爱。凡山水兼备的地方，总有其特定之趣，不是青山如黛、小桥流水、稻花飘香，便是名山大川、千帆竞渡、大气磅礴。而我们的家乡的山水格局却介于两者之间，兼具两者品性，在灵秀中透露着雄奇，于闲淡里展现出坚韧、厚重、恢弘。

　　首先，说山。金钟山，位于清水江北岸的施秉县马号镇金钟村，因山形似钟而得名。冬之至，金钟山"通体无毛"，傲骨嶙峋，峭立肃穆，"刺破青

① 贵州大学二级教授，博士生导师。

天锷还未残"，更显其傲视寰宇的非凡气度。春之时，金钟山晨雾暮霭，鸟语花香，偶尔还听见登山人的歌声与鞭炮声。春节期间当地有登金钟山的习俗，或许登山是拜佛的历史遗留。秋之际，金钟山下，稻翻金浪（金钟山四周均为层层梯田，秋季水稻成熟，秋风吹动层层金黄的稻浪），金钟山上，薄雾缠绕，鹰翔蓝天①，仿佛祥云玉露，仙居琼阁。值夏之期，金钟山顶若雷鸣电闪，便预示着滂沱大雨的来临②；雨过天晴，还能欣赏到遥望如练、近看如瀑的奇观——雪白的水帘从山顶一直挂到山脚③，此帘疑是天际来；此时如果运气更佳，还可以看到彩虹、白练、苍鹰、青鸟与紫黛的金钟山共同组成的一幅画卷，仿佛再现了美神仰阿莎出生时的情景。

　　金钟山顶曾有庙宇数间，文革时期，砖石被搬运至施洞修建中学校舍。我们只能从现存的修竹、杂木、藤刺以及野草覆盖的断垣残壁，猜想昔日建筑的规模与布局。石阶沿山体南面而凿，石栏柱有孔眼，不知当时以何物穿联其间，以便人们手把扶栏徐行不惊。据老人回忆，民国时期此处香火旺盛，以至于拾级而上与扶栏而下的人们互相拥挤，跌崖事件偶有发生。当地人印象最深的是晨钟暮鼓，提醒、催促人们起床、收工与做饭，这在没有钟表标示时间的年代，使人们对生产生活秩序的把握又多了一重参照。当然鸡的打鸣与进圈是更加古老的生物钟，但当天气不佳且人在野外劳作时，钟鼓声也就超越了鸡鸣的作用，因为方圆十里均能听到来自金钟山的钟鼓声。当地人还记得，金钟山脚下有一冲田是为庙产，土地改革时才划归百姓耕种。

　　关于金钟山，历代府志、县志与《黔记》、《苗疆闻见录》等文献均有直接或间接的记载，其中《镇远府志》记载明代有位白云道人在金钟山上修行，还收录了清代当地秀才书写的《游金钟山记》。该游记深情而生动地写道："吾乡金钟山者……数百里蜿蜒，中秉岩峰排起，其数十余空洞……中峰一径旋绕，仅可攀援而造起其巅。其上有土，可以艺蔬，有泉可以煮茗；

---

① 金钟山上有鹰群栖居的石洞。有段时间鹰的价格昂贵，因过度捕捉，数量有所减少。

② 当地人认为金钟山是雷公的落脚之处。

③ 金钟山顶有一眼水井，曾为僧人所用。夏季发水，雨过天晴却水帘依旧，持续半月方止。

花草竹木，无一不备。又平阔亩余，高下其势，潦草结构，即趣成天然。当夫风扫残云，极目四顾，云台、香炉诸峰毕见，漤水、台山如在目前。俯视村落，或鱼鳞栉比，或星点迷离，或有绿成围，或有烟成缕，红紫万状，云霞相绮，不复辨其为人间天上矣……"这位前辈老乡还感叹"盖山虽高，无仙不知名也！"但他或许不知，这"仙"不是别人，而是当地的百姓，而且包括他自己。

当地苗族对此山则有另外的叫法，翻译过来，一名为和尚山，二名为黑花山。前一种叫法与和尚住在山上有关，后一种叫法是根据山的外在特征命名的，因为山体有的地方生长草木，大部分赤裸，呈黑褐色，远远望去，只能见其又黑又花，因此得名黑花山，这恐怕是它最古老的名字了。关于此山还有一个神话故事，讲的是苗族迁徙的时候都在夜间，领头的一家人，丈夫开路往前走，妻子拖娃带崽跟其后。她突然想起织布的梭子、打纬、棕框与绕线，娃崽的尿布，还有锄头、镰刀等没有带上，没带这些东西，以后的生活如何过得下去呢。于是妻子带着娃急忙转回家，拿起这些生产生活工具再去追赶丈夫。当她和孩子辛辛苦苦赶至现在的金钟山这个地方时天已经亮了，只好对丈夫说我们都走不动了，互相能够看到也就满足了！于是化作金钟山，中间最高的那座山峰便是这位妈妈，与她挨着的小山峰就是她带的孩子。丈夫走到今天香炉山那里，久等、回望妻儿但还是没有等到他们，也便在天亮时化作香炉山。天气晴朗的时候，登上金钟山顶，确实可以遥遥望见香炉山的轮廓。

金钟山由于其独特性，在当地的风水信仰中占具重要地位，阴宅与阳宅都会想方设法与之产生关系。尤其是清水江南岸的施洞，无论达官显贵，还是寻常百姓，他们的住宅与坟墓都朝向金钟山。如苏元春的公馆[①]及其夫人之墓，均以金钟山作为向山。可见金钟山是一座非凡之山，唯有它才能容纳

---

① 贵州省级文物保护单位。苏元春，同治六年（1867）随席宝田率湘军入黔镇压苗民起义，时任总兵，后升提督。

与承载深远、厚重的历史文化。

如果说金钟山是神圣的山，那么别的山也就是世俗的山了。神圣的山，支撑起的是精神的某个空间或出口；凡俗的山，则是日用的源泉。这些山，山顶上主要生长着松木、青枫木，杉木较少，其余的便是杂木、刺窠与野草了；半坡多为草地，以下便是层层叠叠的梯田。松是建材，青枫能烧炭，草地是放牛或割草的地方，杂木便是柴火。野草、野菜与野藤等，则是苗药的来源之一。姊妹饭的颜料，也要在山里采摘。野趣也因山而生，野果、野菜、野菌、野禽、野兽等都可以享用，但植物要去采摘，动物要用工具猎取，这些过程与收获，为规范的日子增添了格外的色彩。比如围猎，非常有情趣，但也充满了危险和不确定性。

其次，道水。清水江发源于都匀市的斗篷山，与重安江交汇后称清水江。清水江干流全长约为 500 公里，主要流经都匀、麻江、凯里、黄平、台江、施秉、天柱等十二县市后入沅江进洞庭。清水江鱼类丰富，土著鱼类占优势。现有鱼类 81 种（亚种），桂林薄鳅、泥鳅、厚唇光唇鱼、鲫、鲤、花鱼骨、片唇鮈、麦穗鱼、蛇鮈、马口鱼、宽鳍鱲、泸溪直口鲮、月鳢和中国少鳞鳜等广泛分布于清水江流域。稀有的白甲鱼、瓣结鱼、光倒刺鲃、花鱼骨、长吻鮠、洞庭华鲮、草鱼、青鱼和鲥等鱼类均在每年春夏涨水季节由沅江中下游或清水江下游朔河洄游至清水江中上游产卵，在秋季则降河洄游至清水江下游或沅江中下游深水处越冬，故被称为半洄游性鱼类。当地渔民所谓清水江鱼类"七上八下"，指的正是鱼类洄游的情形。而马口鱼、宽鳍鱲、飘鱼和麦穗鱼等其他清水江鱼类则为定居性鱼类。[①]

鱼类的丰富，与自然条件有关，同时也离不开人们的悉心养护与经营。农历三月左右是江中鲤鱼产卵的季节，渔民将鱼蛋草捆绑在木排似的竹木框架上，在江面上铺成一排又一排。偶尔能够听到鲤鱼"扳籽"（产卵时鱼在

---

① 参见代应贵、陈毅峰：《清水江鱼类资源现状及保护对策》，《水利渔业》第 27 卷第 4 期；代应贵、陈毅峰：《清水江的鱼类区系及生态类型》，《生态学杂志》第 26 卷第 5 期。

水面上拍打）的噼啪声，甚至看到鱼儿跃出江面几尺许的情形。一星期过后，鱼蛋草上挂满了鱼卵，渔民们把挂满鱼卵的鱼蛋草放入早已准备好的鱼池里，再过不久"鱼秧"（鱼苗）便出来，渔民即可担着鱼秧走村串寨叫卖。20 世纪七八十年代鱼秧几毛钱一碗，大概有好几百条，放进刚插好秧的稻田里，待到打谷的时候，鱼已有巴掌大。这样大的鱼正好食用，放入自制的酸汤中煮食，秋收之累的身体得以补养。如今，苗家酸汤鱼已成了特色菜，风行于全国各地，这离不开江水的滋养与当地人的生态智慧。那些被卖到高地上的鱼秧，在稻田里成长，如果遇上滂沱大雨它们一部分会跳过田坎，进入溪流，又回到清水江。第二年它们又产卵，又被渔民孵育成为"鱼秧"，又被他们挑去买，然后又有新的鱼群回到清水江。就这样，鱼在清水江与山上山下的稻田之间往来循环。养猪也是循环的。江边人养到半大的猪，山上的人就来购买，养肥之后又在江边市场上卖。原因是江边的稻米不能催肥猪，而山地里的玉米、红苕却能够使猪尽快长膘。洋芋也一样，种了几年便退化了，因此江边人与山上人都要通过市场换种，各取所得。可见，当地的物种循环构成了一个山上山下的生态体系与市场体系，也构成和维系了苗汉融洽的族际关系。

这种循环不是自然形成的，而是老百姓创造的，是一种能够永续发展的智慧产物。其来源或许与这里的习俗不无关联。比如，作为礼物的米，送礼之时，自己要抓一把回来。买一头猪或牛，牵走之际，卖方也要拔几根毛放回圈里。开一块田地，中间也要留下土包。用一株草药，也不能连根拔掉，让它来年再生。果子也不能摘完，要留下几颗在树上。收稻谷，靠里面的几行稻不能割，要留给老鼠与鸟儿。这是万物关联的观念，动植物也有孩子也有家庭，做事不能做绝，实际上这是一种生态思想，以习俗的方式得以制度化。由于存在这样的文化习俗，共生的渔业、养殖业与水稻农业的创造性结合，在该地区良性运转的"稻—鱼—鸭"生态生产模式才得以生成。

江河之利，不仅仅是小循环的产食一体、悠闲生存，而且还带来了航运的发达。码头市场的诞生，联通了外部世界。物的流动关联着观念的流动，人们参与了中国乃至世界的大循环——徽派建筑、会馆林立、木材贸易、白银流动等在清水江留下深刻的印迹，到省城、京城念书，乃至留洋已经成为有志青年奋斗的目标。

往昔，集市在江北。交通依赖于水路，码头与集市往往合二为一。江面船帆点点，山间马铃声声，物流通达四海，商品上山下乡。货船连绵数里，云集马号——沙湾港。在码头上，搬运工上货下货一片繁忙，马帮接货送货络绎不绝。集市上来自各地的商品琳琅满目，唱戏、杂技、耍猴的各种展演也使人们大开眼界，大饱眼福。苗木、桐油、鸦片等山货顺江而下，丰富了大都市的商品供应，绸缎、食盐等百货溯流而上，通过苗乡集市也进入了寻常百姓之家。另外，马号这一地名也昭示此地曾为官府养用马匹之地，换言之，马号是彼时交通的关键之处，它对于整个地区的军事、政治、经济乃至文化等起着重要作用。

明代屯堡布满了江岸，清朝的湘军以及民国新二十八师曾经长期驻军"独木龙舟文化区"。早在清代咸同年间，这里曾经出现与时代呼应的先驱贺绪蕃。他历任安徽蒙城知县、泗州知州，嗣后回乡在各地书院任主讲，创办现代学堂，有多部诗文传世。在民国时期该区还出现过一门两中将——张伯修[1]、张卓[2]。除此之外，还有北伐将领潘健之、施秉中学校长宋人豪。如果不是地方宽阔，粮多草广，教育发达，供养成千上万人的军队，培育这样精英群体是很难想象的。我们还记得小时候唱的童谣"咚咚哐，下洪江，金子银子堆满仓"。白银的流动依托于清水江航运贸易的繁盛。苗族古歌《运金运银》一定也与江河之利相关。没有这样深厚的历史背景，它的产生与延续也就没有坚实的基础，苗族的银饰与服饰文化也不会如此繁盛。

政治的风云变幻，南岸被纳入国家版图；自然的沧海桑田，马号——沙湾港被洪水带来的砂石填平。经过官、商及乡贤合议，集市地点移至施洞

---

[1] 贵州省第一届议会副议长、孙中山秘书。

[2] 留学日本士官学校。中国军队的第一部正式步兵操典始于 1935 年，由时任中央陆军步兵学校教育长张卓主持编创。抗战时期任国民革命军第一军军长、二十九集团军副总司令。

口。改革开放初期，传统文化不断复兴，马号乡政府曾经趁势大张旗鼓地试图恢复历史记忆中的马号——沙湾集市和江西街（20世纪八九十年代还存在的一个木材贸易发达的场所），但这两个集市都在热闹一阵之后，随之逐渐消失。可见，部分人的愿望，哪怕是行政命令，也拗不过天道。历史终归历史，现实还是现实。如今只留下一些地名、地物，如马号、江西街、江西会馆、天后宫、飞山庙、铅厂等。有的残存信息还需费些功夫考证才能发现，如现在的中寨与杨家湾仅仅相隔一公里，在过去就分布着两个市场——鸡场和猪场①。物的流动，带来了人的交往；族群的融合，带来了苗汉一体。《苗疆闻见录》记载："其地有汉民变苗者，大多江楚之人。慭迁熟习，渐结亲串，日久相沿，浸成异俗，清江南北岸皆有之，所称'熟苗'，半多此类。"这些历史遗存与文献表述，不仅诉说着当年经贸的繁华，以及商业文化、宗教信仰（如菩萨、五显、天后、飞山等）与现代化产业（如铅厂等）的移入与交融，也诉说着自然、国家、市场与族群之间互动的历史与过程。总之，清水江，在某种意义上，它是一条母亲河，一条黄金水道，一条族群汇融的区域性纽带。

再次，讲文化。文化是人类群体在一定环境下创造的产物，即人们在追求天时、地利与人和的过程中，渐次积累的经验、习俗、智慧与理念。所谓"一方水土养一方人"，但"一方人"也维护着"一方水土"，二者结成了有机、有序的整体，也就形成了当地人的文化基调与色彩。如果以被列入国家非物质文化遗产（以下简称"非遗"）作为文化特色指标的话，当地就有独木龙舟节、姊妹节、苗族刺绣、苗族剪纸、苗族银饰及其锻造技艺等等，数不胜数。或许如此单列，也难以知道其中奥义，唯有掌握相应的知识背景，并亲自参与、体悟，才能趋近对事物本真的理解。如独木龙舟及其节日，可以说举世唯一。有独木舟的地方，而没有相应的节日。有龙舟节的地方，却

---

① 鸡场和猪场的汉语称谓已经不复存在，但苗语称谓依然存留，只是由于语音的变调，人们多已不知其本意，仅仅认为它是寨名而已。或许这也反映了汉族人未进入该地区之前，这些市场早已存在，因此，鸡场和猪场未在当地汉语里留下任何痕迹。

没有独木龙舟。独木龙舟是站着划，其他地方的龙舟是坐着划。独木龙舟及其节日起源于动地惊天的杀龙神话，与玉皇大帝或屈原毫无关系。独木龙舟的龙长着水牛（斗牛）一样威武的角，而不是在皇权崇拜需要下建构起来的变幻莫测的"神龙"。在该种意义上，它是一种"原生态"的龙。虽然清水江上，龙舟竞渡，百龙争先，白浪滔天，气冲牛斗，但它更强调的是传统的仪式及表演。虽然展示的是汉子的力量，男人的气概，但他们更追求的是过程的完美而不是竞赛名次的高下。男人也不是节日的唯一角色。姑妈的意与情融进一份份节日贺礼，其情礼之重，车船也"承载不起"，只能一趟接着一趟地搬运；女人的飞歌饱含深情，覆盖了清水江的涛声，此起彼伏，几昼夜都唱不尽——这是对牢不可破的婚姻情感的历史荣光与现实和谐的赞美，也是对未来婚姻爱情以及诗意生活的向往。换句话说，独木龙舟节牵动了整个文化区的社会结构，也由此形成了一个独一无二的"独木龙舟文化区"，唯有"吃龙肉"才能承担得起如此重大的社会激情。这些只是粗略地勾勒了独木龙舟及其节日的概况，如果细究文化根底，那将更加厚重而深远。我们说它举世唯一，并非言过其实，亦非因乡情而夸饰。

民族交融的民间视角更加生动鲜活。独木龙舟文化区的苗汉群体不仅在认知上、情感上互相接纳，在实践层面也创造性地融合。一个村寨的姑妈群体回娘家，显然是苗族年节期间以家庭为单位接姑妈回娘家过节之古老习俗的一种创造，因为既热闹又有面子（举行各种仪式），还加强了姑妈群体内部的联系与舅家村寨整体的关联。现在汉族也在学习与模仿，如这几年双井镇上的汉族"姑妈"也组织浩浩荡荡的"姑妈回娘家"活动。再者，苗族提着酒壶送客上路，边唱歌，边敬酒，一直送过几里路方罢，因其能够充分表达依依不舍之情，现在也被汉族社会所接纳。有的苗寨办红白喜事，在酒席方面依据汉礼坐八仙桌，七碗八碟，吃的精细，而一到晚上要热闹，则摆开苗族的长桌宴，这样便于主客自由组合地面对面"开战"——猜拳打码，唱歌摆古、促膝谈心，通宵都热闹非凡。当然苗汉通婚也不少见，正如一位把三个女儿都嫁给苗族的汉族老人所说的："苗汉都要穿衣吃饭，只要她们有感情过得好，其他的都不算什么。"可见所谓的"民族融合"，应该是民族之间社会、文化以及情感结构等不同方面、不同层面的互相接纳与耦合，是族际关系长期自动磨合之智慧生活的创造与发明，是一种有机的连接与整合方式。我们只能去发现它、研究它、说明它，而不是创造它。

一种文化是一个系统性的存在，文化现象之间是内在关联着的。也就是说，不能视一种文化的一部分独特，另一部分就不独特，它必须整个地"独特"，从而与其他文化区别开来，成其为本身。在这个意义上，家乡许多的文化事象都应该成为世界的或国字号的"非遗"。如每当节庆期间，人们自然要跳的踩鼓舞。苗族古歌陈说"踩鼓舞"有三十六曲牌，但现实存留有十二种左右，即四方舞、六方舞、螃蟹舞、捞虾舞、虫鱼旋转舞、织布舞等。还有的目前难以意译为汉语，也就只能以苗文书写这些曲牌，如：Niol qiaob gangb（苗语近音"略撬刚"，下同）、Niol dit diaob（"略地雕"）、Niol guangb diangd nangl（"略刚佃囊"）、Niol guax（"略寡"）、Niol qiut qit（"略秋气"）、Niol ghab douf doul（"略瓜豆读"）、Niol ghaob（"略告"）。人类通过语言认知这个世界，也依赖语言赋予的意义而活着，因此语言的翻译本质上是文化翻译。只有进行深入的研究，那些难以意译的曲牌或许才能有效、准确地呈现出来。

苗族古经之一的古歌，非常明确地叙述踩鼓舞起源于姜央祭祖[①]，敲鼓的声音与节奏是啄木鸟教的，而各种跳法是蜜蜂、水瓢虫等教的。这里所谓"教"是以自然为师，模仿自然，理解自然，并与祖先（信仰）发生联系，获得祖先保佑，于是祭祖的踩鼓舞便具有了神圣性。现在的踩鼓舞，显然是世俗化的结果，目的在于娱人，其曲牌也会发生一些增减、变化，但仍然可以从曲牌获得其起源时期的一些信息。如"四方舞""六方舞"大概是人拉牛一起炼田的动作，可以从农业发展史去理解；"捞虾舞""螃蟹舞"则是对虾或螃蟹的动作或对其捕捞动作的模仿；虫鱼旋转舞或许是对蜜蜂、水瓢

---

① 参见燕宝整理译注，贵州民族出版社 2014 年出版《苗族古歌》卷二第 259～273 页，打杀蜈蚣一节。

虫以及鱼类等旋转的模拟；"同边手"舞蹈或许也是山地适应的一种习惯呈现[1]。这些曲牌、鼓点、舞步、含义（特定）及其展演的社会背景，已经构成该文化的组成部分，它们理所当然是没有申报成"非遗"的"国家非遗"或"世界非遗"。可见这方山水孕育的文化不仅特色富集，而且还具有很深远的文化底蕴——与万类生命之共同体的互相感应与对话。

通过说山道水讲文化，已经粗略勾勒了家乡山之神奇、水之富利的格局，及其文化的独特、精深、悠远的禀赋。或许我们因情感独钟，存有文化的偏见，看到、写下的也只是我们眼中的风景。然而"要知道梨子的滋味，只有亲口尝一尝"，如读者因我们的感受与记述对这方风景留有些许的想象与憧憬，希望您能收拾好行囊与心情，来到这里收获独属于您的风景。如果说旅游的本质是"你和我不同，所以我才来看你"，那么旅途中对异地山水及其人文的欣赏与领略，除了满足人们身心多层面享受的需求外，还可以消解自我对他者的文化偏见，增长知识与智慧，扩大胸襟与情怀，从而达到"美人之美，美美与共"的境界，正是悠哉游哉之事。

时下倡导的"深度旅游""全域旅游"，或许是供求双方都期望提升旅游质量的一种表达，亦或许是对浅尝辄止的"群鸭式旅游"的厌倦与反思。旅游是多层面的阅读，也是多层面的享受。"旅游"一种文化，满足精神与智识上对"真""善""美"的追求，自然可以享受深度的愉悦。然而"旅游"一种文化，是差异性的欣赏，是"美人之美"的穿越，必然要追问才能进入，超越（本文化）才能欣赏，理性才能分析。如此或许接近"深度旅游"的本意，但这样也就太累心、费力，失去了旅游感性的轻松愉快的初心。如同"文以载道"自然不错，而"文"以载心、载情，何尝不是一种自由的体悟与享受，一种对"美"的发现与阅读。因之，"独木龙舟文化区"丰富的"美"正期待着你愉快地"开启脑洞"，而不是去跟随供给方已经安排好的、

---

[1] 下坡时通常甩"同边手"以防滑。也许还与信仰相关，在世与去世的人形成相反的对称。如反排村跳的木鼓舞，是祖先在场要甩"同边手"的一种跳法。

现成的旅游项目，去咀嚼别人嚼过的馒头，这或许正是主动旅游与被动旅游的差异。主动旅游是自由的发现与欣赏，被动旅游则是被多重权力支配下的"规范行走"。

旅游应该是乘兴而来，随遇而安，尽兴而去。如果你喜欢游山玩水或品尝山珍"江"味，在这里可以探寻各种菌类、蕨菜、龙船范、江鱼等天赐之物，特别是酸汤江鱼。如果运气够好，还会遇上野猪、野鸡、山羊、白面獐、麂子、野兔、蜂蛹等山珍之味。待山水之味齐备，再配上一点清水江的糯米酒，自然足慰平生。而不花钱也可获得惬意享用的是在朝阳或夕阳下漫步江边，看看碧波荡漾的江水，捡捡适意的鹅卵石收藏起来玩玩，作上记号或标上时间、地点等，它也就成为留住记忆的小玩意；或者屏住呼吸用椭圆而扁平的石子打水漂，数数由大到小的一串水圈，吸吸清新空气，激活你在城里已经休眠的细胞，荡涤琐事的烦恼，让整个身心彻底通透。如果运气更好，坐船游江，夜晚还能听到随江风而来的情歌或酒歌，江心有节奏的桨声，看到点点的渔火在江面漂动，再喝上几杯老酒，品尝刚刚钓上来就下锅的酸汤鱼，聚起三两好友，大家说着互相倾心的话，偶尔还能够冒出几句有灵感的诗来。或许这就是神仙过的日子，与世无争、心平气和、修身养性、玩出自己。当然，这些充满趣味性，激起感悟的"美事"，需要自我发现、机缘巧合，可遇不可求，这也正是独木龙舟文化区的魅力所在。

从历史遗迹来看，这里也是一块风水宝地。据近期考古发现，清水江史前遗址丰富，大量分属于新旧石器时代的石器被发掘出来，足以证明该地自远古以来，食物丰盛、气候宜人，是人类选择的生活之区。特别在清代至民国年间长期繁盛，乃至真金白银沉淀在女人的身上，恢宏的独木龙舟与徽派建筑（被苗族吸收消化）融化在男人的气概里。今天，这片山水依然滋养着这里的人们，使他们富足幸福。天人之间是互相反哺的，这块风水宝地的存续，也恰恰是在这块"宝地"上生成的文化之功。如民间普遍对古老的三个"一百二"的法律认同，不仅保护了自然生机的存续，也保证了社会的有序运转。尤其在追求经济发展的当下，这里有关自然生态与社会生态的观念、行为与智慧，也值得主流社会关注与借鉴。

平地营，顾名思义，这里应该曾经是军人驻守的营盘。《施秉县志》云："崇祯四年（1631 年），建凉伞、新城暨坪定营于施秉（旧县治）……"。坪定营即平地营，从当时的命名习惯着眼，或许叫做"平定营"更为符合历史的逻辑，如周边的村子就有叫"平苗"、"胜秉"（胜苗于秉之谓也）的，何况清水江畔比"平地营"更平的地方还多的是。该则记载也说明它与凉伞、新城均为明代同等重要的江北前哨军事重镇，此外还有白坝屯、新寨屯、屯上、巴团、江元哨等据点与之形成一个严密的江北军事防范体系，因为清水江南岸当时还没有纳入国家版图的所谓的"生苗区"。或许县府太靠近前线，有时遭遇南岸苗民的武装袭击也是难免的。历史记载老县曾经遭到这样的进攻，县城被占领，官员们只好逃到山林里去躲藏。当地有的专家认为元明时期有一个蛮夷司治就在平地营，而且在这里设置了第一个胜秉县城，后来搬迁到现在的老县去，再往后到清代"省卫并县"，县城最终移至当今之潕阳河畔的城关（偏桥），才完成历史性的安全转移。当然，包大度①也光顾偏桥十余年，则是另外一回事。如此看来，或许是县城第一次搬迁后，原地依旧是布设重兵长期把守的营垒，也就成就了"平地（定）营"的固定称谓。

平地营，苗语有两个名称，其一称 Baox laox，即成排的高楼大厦之意；其二叫 Bongx vongx，意为"龙浮之地"。在当地的老百姓看来，成规模的 Baox laox 一定是官府才能做到，因而成为官府的代名词。Bongx vongx 则与独木龙舟起源的神话有关——恶龙在上游被杀后，来到平地营便停浮了下来，然后又沉落到对面塘龙的江底，因此北岸这个村子叫 Bongx vongx（奔勇，即龙浮），对面南岸的塘龙村子被称为 Dangx yongx（党勇，即龙沉）。另外，平地营寨内存留一些地名，如 Baos ghab lal（宝嘎拉，即官坡，官家办公的地方），Baos liangx diol（宝凉角，即官员休歇、乘凉处），还有一处曾是前来找官府办事的官绅士民拴马、歇脚、喝茶之地叫"茶马楼"。可以印证的

---

① 贵州施秉人，苗族，咸丰五年（1855 年）参加张秀眉领导的苗民大起义，为义军主要将领之一。

还有该地区流传的《扶龙歌》，这首歌讲的便是平地营的官员观赏独木龙舟的情况。多重证据佐证了平地营或许就是施秉的第一个县府所在地，而现在却是一个地道的苗寨。也就是说，独木龙舟文化区长期融淀着两套叙事或表达系统，要研究该地的历史与文化必须深入这两个系统。本书的撰写者正是这样努力去做的，但达到了什么程度则是读者说了才算数。我也是读者之一，因此也来谈谈我的一孔之见。

本书撰写者是张乾才（荣水）①与刘跃明（荣贵龚），他们是我的同乡、同学。我深知他们出于对家乡的挚爱，因此辛苦搜集整理，几易其稿，花了近四年时间，克服诸多困难，最终成书，或许该书还是"独木龙舟文化区"内第一本自己（文化持有者）写自己村寨的书。以往全能、客观（科学）、他者的民族志受到批判后，学界便以主位民族志或合作民族志等对之进行校正，或许他们无意之中也卷入了主位民族志的书写中。然而他们自己写自己也并不纯粹，不仅具有主位的视角，客位的视角也渗入其中。客位何来？来自学校教育与主流意识形态，甚至来自当下流行的话语与书写系统。主位的人并非一定具备主位视角。也就是说，一种文化中的人并非能够完全理解自己的文化，个体社会角色不同对同一文化的理解也必然存在差异。因此，只有系统理解一种文化，才能对一种文化的整体有所把握，也才能具备主位视角的分析与表达能力。而客位也一样，只有把自己文化系统的整体性作为参照系，否则处于客位的研究者，既不能有效说明自己的文化，也不能"客观"深度解读别人的文化。而不论主客位视角的文化书写，只有对不同文化系统有深层次理解，才能真正认识他者与自我的文化。基于他们力求系统整体地自我文化表述，虽然由于主客原因没有达到更理想的状态，但是毕竟做了这个方向的努力，因而无论在学术话语系统抑或在呈现主位文化方面本书均有自身的价值，至少是探索性的价值。

该书包括了村寨历史、社会组织、节日风俗、生产生活、神话故事、人

---

① 荣水为张乾才的苗名，下同，不再出注。

物杂记等内容,较为全面地展现了平地营的基本情况。虽然写的是他们的寨子,然而这个寨子它不是孤立地存在,它是清水江边的一个苗寨,也是中国的一个村庄,传统与现实都在这里交织,在该书中都有不同程度的展现。该书对于了解和研究清水江流域苗族文化,提供了丰富、可靠的资料,尤其附录部分,比较性的苗汉语翻译示范以及对苗族文化的探讨,对于深度理解苗汉文化差异与苗族文化的内在复杂性是有所助益的。

书中呈现的文化事象,有的是他们辛勤探访的记录,有的是他们小时候见闻而现在又回忆起来的故事,有的是他们亲身经历的事件,有的则是他们情感、判断与见解的呈现。此二兄的母语是苗语,对苗语熟稔程度远远超过了对汉语的运用,因此表达有一个"进得去出得来"的问题,使用"洋泾浜"式的苗汉混合语表达,在所难免"不听话(即苗语"听不懂"的直译)",虽然几易其稿尽了他们的努力,但不足也是显而易见的。但瑕不掩瑜,这些不足并不妨碍读者对当地苗族文化的整体理解,我们还得感谢他俩为我们架起了这座跨文化理解的桥梁。我们知道一种语言文化就是一个完满自足的世界,人们都是以自己语言文化的概念去理解、思考、表达所有的事物,即"语言是存在的家",但不同的语言之间也会阻断回家的路。因此,人类跨文化的理解很无奈,翻译也只是互相沟通交往的一种没有办法的办法。对我而言,体味到的是他们激情的潜流,用心的良苦,言说的担忧,转换表达的艰辛。如果按照严复提出的"信、达、雅"来衡量,他们毫无疑问地做到了"信"与"达",而"雅"或许是一种完美的追求,极少数人的奢侈品而已。其实,每个人都一样,当你提起笔来的时候,总会追求一种完美,当下笔后这种完美难以达成时,便会存在与他们同样的忧虑与结局。其实,凡事做到极尽心力即可,完美永远在路上。他俩这些带着泥土芳香的用语,叙述着昨天的旧事与今天的现实,不但让我重返家乡,而且让我进入悠远的历史与现场。不同文化的读者,存在着不同的参照系,但仍然可以从该书所呈现的各种信息里,见仁见智,各有所获。

该书虽然存在自身的价值,但终究是他们眼中的平地营,对于整个独木龙舟文化区来说，不过是清水江中的一瓢水。独木龙舟文化区独特复杂，丰富多彩，绝不是一个村寨所能够体现出来的，它所蕴含的事实、价值及内在逻辑，还得靠更多有心人去调查研究、感悟发现，其中包括自我呈现与他者呈现及其对话。

当然个人禀赋、经历、修养与兴趣的差异，也会使其关注、理解或感悟聚焦于不同事物、不同面相上，从而获取属于自己的那份礼物。一位友人在独木龙舟节期间来到清水江，激情饱满地体验了独木龙舟节的整个过程，在"吃龙肉"的宴席上，于酒酣耳热之际，有感于拔地而起的金钟山，川流不息的清水江，一北一南，天造地设，呼应对照，阴阳调和，物阜民丰，形成了弘厚而独特的独木龙舟文化，刹那间灵感袭来，即兴撰了一副对联。自以为该联工整典雅，气韵清高，而且抓住了当地文化的关键符号，准确地表达了吾乡的人文地理气象。兹摘录如下，以供读者诸君分享。

揽胜苗疆

居高声自远，一派云波振金钟，苗歌悠扬山有韵

景秀气同芳，数重烟雨锁清江，龙舟欸乃水含情

每一种文化都有她的美，而美是经受不住无情的摧残的。据说人类的百花园在不断凋零，每两周就有一种语言文化在消失。我们在期盼更多的苗族文化事象成为各级"非遗"的同时，也害怕她真正成为"非遗"。或许一种文化的延续与发展，的确需要人类整体的"文化自觉"形成相应的思想、制度与行动来保证其永续发展。愿苗族文化继承创新，生生不息，神话因她而再次绚烂。

序二　为乡村书写而赞

◎叶成勇①

　　写这篇序，纯属偶然。在偶然的时间以偶然的方式，结识了一位素不相识却又让我敬佩不已的乡土历史文化书写者和传承人。

　　2019 年 8 月，我与几位研究生徘徊在台江施洞镇和施秉县马号镇沿清水江一带，走访调查苗族村落历史文化。22 日上午来到马号镇的平地营苗寨，在走访中从村里退休的杨老先生处得知张乾才老师写有一本书稿，名称叫《平地营：清水江畔一个苗寨的历史、社会与文化》。这本关于平地营历史文化的书稿，已基本完成，准备出版。我异常激动，猛然间对这位张先生产生了一种敬畏之情，急于见到此人此书。于是，打听到了他的电话，第二日一大早就直奔其在施秉县城的家中，专程赶去拜访。张老师很热情，也很激动，送我们其撰写的《苗乡情怀》一书，这是关于其人生的回忆，文学性和故事性很强。又特地把《平地营：清水江畔一个苗寨的历史、社会与文化》一书电子版给我们参考学习，我迫不及待地快速浏览了一遍。张老师特别谈到他为什么写这些文字，如何回到家乡访问父老乡亲，开展这些书写。言语之间，充满了激情与自豪，心底里有一种来自大地的磅礴力量在涌动。

　　我被他这种淳厚的乡土情致深深地打动。离开张老师的家时，我冒昧地说："如果《平地营：清水江畔一个苗寨的历史、社会与文化》这本书出版，我要给你写一篇序文。"回来后我又静下心来认真地读了一遍书稿，懂得了当地苗族社会很多历史文化知识，消除了很多疑惑，我对当地历史、社会、文化的认识也有了很大的提高。就这样，我们之间的一次通话、一次见面，

----

①　贵州民族大学民族学与历史学学院副院长，教授。

就开启了一段独特的文化之旅。2 个多月过去了，10 月 28 日，张老师说他的书快要出版了，而我的序文因为很多原因没有及时写出来，我的心里很是愧疚！其实，我一直在暗问自己：是什么力量把素昧平生的我们连接起来，而且彼此还那么直接、真诚地交流。

对此，我只能说是四个字——文化情怀。所谓文化情怀，就是一种文化自觉、文化批判和文化担当。始于由下学人事而上达天理，中经知行合一，终于开物成务。当这种文化情怀被激发起来，我想偶然就成了一种必然，陌生感就会被消融，心意就会诚正，生命才会绽放。

这几年，我提出田野史学的观点，并在自己的教学与研究中去努力地实践。其中最重要的一项工作就是指导本科生和研究生走进乡土社会，通过系统调查，撰写村寨志，详细记录村落历史文化和生产生活的方方面面，进而发现研究传承乡村文明的价值。而这种观点的提出，很大的起因就是我在田野调查中发现民间大量的非常珍贵的历史文化无人记录与书写。但也不时遇到一些当地的书写者，阅读他们的作品，如家谱、个人传记、村史之类，深受其中的传统智慧和坚韧力量的启发与激励。当我带着种种书斋里的学问知识走出象牙塔，来到活态社会之中，心胸就变得无比的舒畅，因为我呼吸到的是旷野里诚正的清新空气。

为何书写，为谁书写，如何书写，谁来书写，这些是乡村书写的基本问题。我们十多年来穿梭往来于书斋与社会、学理与常理、历史与现实之间，就是要寻求一种新的历史文化书写形态。这就是我提出的田野史学的核心任务。

那么，何谓田野史学？

田野史学是服务社会文化建设的经世致用之学，以社会现实问题为起点，发挥历史认识主体的历史文化根底、人文视野、认知能力和通识智慧，借助多学科的知识和手段，对活态社会历史文化进行系统调查、记录、书写与研究，合理评估并发挥其价值，形成一定的文化自觉、文化担当和文化批判精神，主动参与社会文化建设。田野史学这种独特的研究旨趣会对当代史学研究和新乡土人才培养带来新的启示。以田野史学为理论依据，在现代大学体制内培养新乡土人才，就是培育当代青年自觉担当乡邦建设的文化力和行动力。田野史学这种取向植根于中国历史的底蕴，又是对当前社会文化建设需求的回应。

千百年来，关于民族的、民众的与乡村的书写很难实现，也往往由别人来书写，甚至没有人书写。传统的书写者自以为有"文化"，经由他们的笔，被书写者才可能进入历史。这是非常大的遗憾！文化是平等的，也需要相互交流、借鉴和学习。广大民众的历史文化更需要重视，而文化的传承和发展则须臾不能离开有情怀者的开拓。乡村书写就是一种有情怀的文化开拓，其主题是文化和生活，主体是当地人，书写形式是多样的。现在，像张乾才老师这样的人，越来越多了。他的文字深情、真实、灵动、细腻，全面而系统，理性而真诚，字里行间饱含着对家乡，对亲情、友情，对人生的种种感知、感悟与感动。这是历史文化书写的平民时代，我相信，在他的心底里，这是文化自知自信的充分展示，也是文化批判与努力开拓的积极展示。我想，当一个人面对自我生命历程，自觉开启乡村书写，或者生命史的记忆，这是最坦诚的告白，也是对历史文化的玩索与依恋。

我更希望，乡村书写能够成为学人们反求诸己的砥砺之行，借此融入时代的民众的汪洋大海，诚于此道，与古开新。

目　录

第一章　村落历史

第一节　平地营苗寨

　　距今施秉县城 50 公里、离马号镇政府 2 公里的平地营，是一个有近百户人家、人口 400 余人、风情浓郁的苗族村寨。寨子建在清水江北岸、与清水江面垂直落差 50 米左右的一个小台地上。东接盘龙坳，西临江西街，南与塘龙苗寨隔江相望。寨前有树龄五六百年的枫柏名木，郁郁葱葱；树荫下，有口常年不枯的水井，井水清凉甘甜，滋养寨民。寨中房屋由台地阶梯形状逐级往山上延伸，虽较拥挤，但也参差错落，别具风韵。寨后是封山 50 余年的灌木丛林，其间夹杂着桃李等果树。春暖花开之际，寨后青山像是一幅五彩画卷，斑斓壮丽。

　　平地营苗寨隶属于施秉县马号镇金钟村。其寨名苗语现称为"Baox laox（宝老）"，传说较早时还曾叫过"Bongx vongx（奔勇）"。这里旧时曾为屯军之所，据史料考证还是施秉县第一个县城——从化镇驻地。

　　平地营苗寨"Bongx vongx"的称呼源于故事传说。在苗语中，"bongx"是浮在河面上的意思，"vongx"指的是龙，"bongx vongx"就是龙浮在河面上。据说，很久以前，有个叫故宝的人，在清水江平寨上游的深塘边（"Jiad daid"）杀恶龙为子报仇。龙死数日后，人们见到龙尸浮靠于现在的平地营寨脚河面。由于河对面南岸塘龙附近寨子多，人们就纷纷到塘龙寨来看浮于河北岸的龙尸。"Bongx vongx"一词即源出此。平地营苗寨的苗语称呼由曾经的"奔勇"变成后来的"宝老"则是因为张姓寨子下移，依山而靠，左右有两条稍凸的带状丘陵把寨子围在中间，寨口还有一拱起的丘包（寨子明堂），登高眺望，两条凸起的山丘和寨口的丘包恰似二龙抢"宝"，故而名曰"宝老"。

平地营有似两条龙的两座小山脉，把寨子围在其中，加上寨口清水江边有一深不见底的水塘，由此还引出一段美妙的传说。很久很久以前，有一对飞龙从西北方向飞来，飞到现在平地营这个地方的上空，龙朝下一看，见有条清澈见底的河流，由于二龙在天上飞来飞去多时，身上沾满了尘土，早想把身上污垢洗去，见到这条河后喜出望外，于是下来了。龙在河里，尽管河床宽敞，但是河水较浅，洗澡并不舒适、惬意。二龙随即腾身跃起，用角、爪子、胡须、尾巴掀翻砂石，长达七七四十九天。二龙跃动之处，如翻江倒海，两岸涛声震天、雨雾朦胧，清水江浑水直流，下游的人们还以为上游下雨涨了水。四十九天之后，清水江清澈如故，而平地营寨口河边原来微浪激流的浅滩却变成了一个深不见底的深塘。之后，二龙还托梦给一位老人，说它们本来是飞天龙，见到这条河流后便下来了，来前龙王爷嘱咐它们所到之处要保当地百姓平安。所以，二龙到这里后掘出深塘方便洗澡娱乐，并在此保佑两岸百姓人丁兴旺、平安顺遂。这个故事一代传一代，流传至今。

至于"平地营"这个汉名何时称起，《施秉县志》记载，"崇祯四年（1631年），建凉伞、新城暨坪定营于施秉（旧县治）……"，明正统九年（1444年）废除施秉蛮夷长官司，在原长官司辖地（时称从化镇）设置施秉县治，可以推测时至1631年后，才由"坪定营"转称现用的"平地营"名。

平地营成寨后，时至民国年间，隶属施秉县六合乡第四保，后属金钟乡（现在的马号镇）第一保（屯上、沙湾、江西街、平地营四个自然寨）第四甲。1949年后，与江西街合为一个生产大队（村），由江西街、平地营、盘龙坳、大浪坡四个自然寨组成。1950～1952年，平地营分为两个生产小队（组），当时江西街为一小队（组），平地营为二、三小队（组）。平地营分小队时，主要以划片组队：以寨口垂直巷道右上方盘龙坳、大浪坡为二队，垂直巷道左下方为三队。应个别户近家族要求，又予调整。1960～1962年，黔东南苗族侗族自治州（以下简称"黔东南州"）调整县治，施秉的金钟乡划归施洞，属剑河县管辖。1962 年底恢复，仍由原县管理，金钟乡又回归施秉县，村治未变。2004 年，全县实行并村管理，江西街、沙湾、龙颈、巴团、大冲五个大队（村）合并为金钟村，平地营属于金钟村的两个小组。

第二节　平地营与"施秉"

昔日的平地营苗寨，虽偏僻、闭塞，但是回望她的历史，由于特殊的地理位置，以及其曾是县府驻地的原因，更让人感慨这个苗寨所经历的沧桑岁月。

七百多年前一个阳光明媚的午后，一阵急促的马蹄声由远而近，人们发现一队人马正朝平地营苗寨疾驰而来。看到来人的穿着打扮，苗民们知道，这是一群"Ghab lal"（"嘎拉"，指当官的或官员）。这群人来到平地营，就径直走进一户姓杨的大户人家（经分析，可能就是后来居金鸡榜，隔现在的平地营约 2 公里，苗语音译"角光泥"的杨家）。一位头领模样的人先让这家人在堂前跪下，然后从怀里拿出一卷"黄布"，开始宣读——奉天承运，皇帝诏曰，……自即日起，设前江军民长官司，杨××任长官司长官，世代袭替……。

长官司习称为土司，相当于地方基层政权。元至元二年（1265 年），这个林木森森、当时只有十来户人家的平地营苗寨，成了旧时施秉地区第一个"基层政权"的诞生地。

《施秉县志》载，"宋代至元（前）至元年间，先后设置的偏桥、施秉前江（指的应是现在的平地营——笔者注）等处长官司作为地方长官，在自己施治的区域兼并执行保护治安、拘捕羁押人犯、审理判决案情、清理户籍等有关事务……"

元代以前，中原王朝对边远少数民族地区实行羁縻制管理。这是一种建立在自愿基础上的松散型管理。这时的清水江流域，还处于"没有王法""王也没法"的完全自治状态。元朝为了强化对西南少数民族地区的管控而实行土司制管理。土司制与羁縻制不同。长官司的长官虽由当地土人担任，职位可以世袭，但必须经朝廷准许；土司不仅要定期向朝廷纳贡，贡品及数量都有严格的规定，还要缴纳赋税。因此，元朝的土司已基本具备地方基层政权的职能。

万历《贵州通志》记载，"元至元二年，建前江军民长官司，隶思州军民宣抚司。"而前江军民长官司的治所就在现在的平地营，长官司衙门就建在"宝嘎拉"①。前江军民长官司设立102年后，元朝被明朝取代。明洪武五年（1372年），前江长官司长官杨正麟到京城献版图，以示归顺。朱元璋很高兴，将前江军民长官司改为施秉蛮夷长官司，并让杨正麟继续担任长官司长官（详见万历《贵州通志》）。这是"施秉"之名第一次出现在史籍中。施秉蛮夷长官司的衙门仍然在"宝嘎拉"。因此，平地营就是"施秉"之名的诞生地。

明永乐十年（1412年），施秉长官司长官杨光海因率兵参与思州、思南两宣慰司的械斗，被朝廷撤销职务，施秉长官司也由镇远州代管。这一代管就代管了三十多年。施秉长官司南临"生苗"②，北靠镇远，又是镇远州和通往云南驿道的安全屏障，没有土司管控，其屏障作用无法发挥，镇远州及驿道的安全经常受到威胁，为此，朝廷于正统九年（1444年）废除施秉蛮夷长官司，在原长官司辖地平地营设置施秉县，派流官进行管理。原来修建在"宝嘎拉"的长官司衙门就成了施秉县政府衙门，施秉县就此诞生。祖籍湖北黄冈、举人出身的王林，任施秉县第一任知县。

由于明朝对旧时施秉地区的"改土归流"触动了当地豪强和苗族群众的利益，到明景泰元年（1450年），刚设立6年的县府衙门就被愤怒的苗族群众摧毁。朝廷派来的县令只好带着几个衙役由从化镇（现在的平地营）跑到

---

① 平地营寨前地势稍高之处。

② 现在台江巴拉河、榕山一带。

上秉（现在的老县）背后"四面陵立、岗峦重复"的岑麓山上当起了"山大王"，平地营作为县府驻地就此告终。

　　不管平地营作为县府驻地时间长与短，有人分析它可能还是一块风水宝地。当时设前江军民长官司及蛮夷长官司（100余年）、设县（6年）于此，古代对官府驻地的地理位置绝对不无考虑，要是没有"生苗骚扰"、县城不被苗民损毁，施秉县城在平地营那就不仅仅是6年，还不知久居何时。

平地营苗寨"宝嘎拉"菜园，旧时施秉县城驻地

　　就现在平地营的地形来看，后山岭上（Baos ghab shat，"包官啥"），山脉是从镇远金堡方向延绵过来的，至少二三十公里，到后山岭上分成两个小山脉缓缓而下。如果站在施洞后山腰平视，这两个小山脉酷似两条卧龙，头朝下，尾在上，滑至清水江边。两个山脉龙头相互对靠，将平地营寨子抱住，两条龙头中间凸起的丘包，就是现在当地人称的"Baos ghab lal"（宝嘎拉）菜园；离此80米左右寨口处也有一四分之一宝嘎拉大小稍凸起的宽地，寨人称"Baos liangx diol"（宝凉角）；在距"宝凉角"同样80米左右斜上对

面、离"宝嘎拉"一样长成等边三角形处，是寨人称"Baos dout dlongx"（宝豆耸）之地。这三"宝"，按苗语译意，"宝嘎拉"是官员办事或居住之处；"宝凉角"是官员歇凉的地方；"宝豆耸"因这里有一棵树龄几百年的桐木（"dout dlongx"）古树（10多年前已经枯死）而得名，此处曾是前来官府找官员办事的士民官绅拴马、歇脚、喝茶之地，据传叫"茶马楼"。

第二章　村落人群关系与社会交往

第一节　村落姓氏迁徙与构成

1949 年前后，平地营曾有张、刘、吴、杨、姜、王、田、欧八个姓氏。田姓为汉族，1949 前举家到平地营做瓦，20 世纪 50 年代末搬出。欧姓现已无后。而今仍居住的张、刘、吴、杨、姜、王六个姓氏，据说都是明末清初及后由台江施洞辖地迁来。张、王二姓从偏寨迁入，刘姓从芳寨迁入，吴姓从塘龙迁入，杨姓从杨家寨迁入，姜姓从榕山等地迁入。

在漫长的历史长河中，六个姓氏起源何处，因何辗转迁徙至此，无从稽考。据老人讲，张姓是由江西猪市巷豆腐买卖街 [①] 迁至台江张家寨，再由张家寨分别迁往今施洞的平洋和偏寨，平地营张姓就是偏寨的一个分支。《百家姓书库·张姓》有载，按堂号来说，张姓有清河堂、南阳堂等 10 多个堂，平地营张姓属于清河堂，而张姓清河堂是河北省清河县张姓祠堂，追本溯源，平地营张姓的祖籍应是河北省清河县。

1963 年以前，张姓有 10 个字辈——朝秀志再正，元仕通光发。1963 年，张姓平洋、偏寨、平地营等寨集中偏寨修订，改为现在 25 个字辈——志通光先胜，朝中永世定，再正元乾坤，应启豪文昌，秀发荣流芳。现张姓族人也只知从"胜"字辈到今有 12 代人。张姓迁至平地营后，饥荒年代又有些迁到枇杷寨、屯上、巴旺寨居住，而今在平地营居住的有 34 户，

[①]　民间流传为西南民族人口主要来源地之一。

另，同姓不同房族还有 5 户，共计 39 户，196 人。

刘姓迁到平地营已有 9 代人，现有 24 户（含同姓不同房族 2 户），118 人；吴姓迁到平地营已有 10 代人，字辈为大、应、通、国、必、朝、正、志（治）8 个字，现有 7 户，35 人；杨姓，字辈为再、正、通、光、昌、胜、秀 7 个字，16 户（含同姓不同房族 3 户），66 人；姜姓，5 户（含同姓不同房族 1 户），21 人；王姓，2 户，11 人。

其实，平地营原寨址在现址的下方、田坝中间、今施洞偏寨隔河的斜上对岸，与清水江面落差 20 米左右之处。张姓族人为方便做农活最先由偏寨搬到此地，起初全是茅草屋，后逐步建有木瓦房。据老人讲，平地营不仅寨子在那里，而且寨子的龙船棚也在附近隔河不远的岸边。由于当时寨子几次被洪水淹没、龙船棚也被冲走，寨子才搬到现在这个位置。随后，吴姓也为方便做农活，从塘龙移居至现在他们的宅基地（张姓驻地上方）。由于张姓姑妈嫁给了涌溪刘姓，张姓姑妈死后，刘姓在张姓舅爷相邀下来到平地营同住。为了人口发展，张姓老人安排姑爷刘姓居右（即现在刘跃明等三户刘姓住地），自己居左 [即现在张元习（和保）、张元茂（秀林荣）等张姓住户住地]。此后，王、杨、姜姓相继迁至平地营。

关于刘姓迁到平地营居住还有一段插曲。刘姓虽然答应张姓舅爷来平地营居住，但心里还是有很多顾虑，如同住是否处得来，自己是否适宜移居，以后人丁怎么发展等，所以刘姓先人对张姓舅爷说，“感谢舅爷容纳我们，为图吉利想与舅爷一起在寨后栽一对树，两三年后如能枝繁叶茂，我就来和舅爷们同居一寨，否则就谢谢舅爷的好意了”。于是张、刘二姓在寨后共同栽了一对桐木幼苗，栽时树干只有镰刀柄那么细，不料三年之后，树干已比碗口还粗。桐木的长势坚定了刘姓定居平地营的信心。世代以来，不仅张姓与刘姓，平地营各姓氏之间都和睦相处，如兄弟般亲密。那两棵桐树直至 20 世纪六七十年代才被砍伐，被用来制成生产工具挞斗。

据传，平地营张、吴二姓迁至此地后不久，有外地几户人家（姓氏未知）不知从何处而来，也想迁至此处。由于语言不通，平地营张、吴二姓老人就说，"你们来我们非常欢迎，但是你们与我们的语言不通，平时交流不太方便。这样，你们可到我们背后偏东一点叫'Biel hxiaot'的地方居住，那里有水，有可以开垦的荒地，我们离得近，仍像兄弟一样，大家一起生活在这里。"这些人得到应允后就住下来了。由于居住地需要平整坡土，他们居处的坡现在还有九层阶梯遗迹，因而现在平地营人一直称此地为 Baos jiox hsangx，译成汉语就是九级阶梯坡。他们在平地营大概居住有三四代人后，又移居别处。迁走时他们将一个金佛放在盘龙坳土地庙里，10 年后他们回到土地庙将金佛请走时，这里的人才知道他们请走的金佛就是一个金娃娃。如今，"Biel hxiaot"五大田里边坡腰中处的五六座坟冢就是这些人家的老坟。

20 世纪中期，平地营苗寨还辖盘龙坳（Eb mongs 或 Dlongs mongs）、大浪坡（Biel langs）等自然寨。据老人们说，盘龙坳在 1949 年以前也还辖贡梦冲（Diongl bangl）、金鸡榜（Diongl gangb nil）、大浪坡（Biel langs）。20 世纪 50 年代，盘龙坳、大浪坡，它们与平地营一样还是单独的一个自然寨，这之后都已归平地营管辖。20 世纪前半叶，贡梦冲、金鸡榜居民相继搬到平地营或老县。大浪坡有几户刘姓、万姓在 20 世纪四五十年代搬到老县，唯有一户张姓人家也于 20 世纪 80 年代搬到了盘龙坳。如今贡梦冲、金鸡榜、大浪坡三个自然寨已无人居住。

20 世纪 50 年代以前，盘龙坳有一二十户人家，杨姓为主，张姓次之，全为苗族。之后，部分杨姓住户搬至平地营，现仍居住有六七户。盘龙坳，以居住地有两个小山脉盘旋而下，到田沟边似两条龙昂首相对俯视，寨子居于中间而得名。盘龙坳距寨子 300 米左右，地势险要，是交通要道。以前坳上曾有不少外来强盗抢劫过往行人，人们认为这是盘龙坳人所为，所以想法设法要攻打盘龙坳。因地势险要，来者屡战屡败。据传盘龙坳的人比较顽强、团结。民国年间平地营、盘龙坳为抵御外来侵犯，经常聚在一起磋商武艺、斗酒取乐，单对单的话，平地营从来不敌盘龙坳，这已成为趣闻并流传至今。

盘龙坳小自然寨

贡梦冲在1949年以前住户与盘龙坳相差不多，居住地在山腰间，寨内有杨、李、欧等姓氏，这些住户于1949年前全部搬离此地，大多搬到老县，欧姓人家搬到平地营，现已无后。

第二节　结拜与开亲

平地营张、王二姓不能开亲，两姓均迁自台江施洞偏寨，偏寨很久以前均为张姓。至于不能开亲的缘由，要从两姓结拜说起。

据传，偏寨人一向厚道老实，文人倒是有几个，但会武功的却不多，因而经常被S寨的人欺侮。S寨人野蛮好斗，邻村邻寨的人都怕三分，故偏寨每遇外来掳掠，就请S寨人帮忙抵挡。作为交换条件，偏寨人要送S寨人东西。偏寨人别无他物，唯有喂养的家禽，所以一到瓜南西（现在的马号、沙湾）赶场，偏寨人就捉鸡鸭关进鸡笼拎到河边，待S寨人散场将船靠近偏寨河边拎起鸡笼就走。场复一场，年复一年。盛夏的一天，偏寨张姓名叫故龙的族老在寨脚龙船棚边树根脚下的大石板上休息乘凉，过了一阵儿，只见一红光满面、敦敦笃笃的老头子从河下游走上来，他来到故龙跟前，二人相互打了招呼，故龙叫他坐下来歇一会儿，抽杆土烟闲聊。通过摆谈，故龙得知此人姓王名满，后来偏寨人称之为故满，他来自湖南，在外闯荡多年，生性耿直、豪爽。故龙是个性情中人，听故满介绍后，觉得两人年龄相当，就诚恳地建议故满与自己结拜为异姓兄弟。故满爽口答应。

既已结拜弟兄，故龙就把故满留下，腾出自己一间房子给故满住，分一些田土让其耕种。论年龄，故龙稍大，所以互称龙哥、满弟。两人有事无事经常在一起侃谈，一次，故龙向故满述说了 S 寨欺侮偏寨之事，故满听后，胸有成竹地说："哼！太欺负人了。龙哥，不怕！他们如果再来，我来对付他们。"原来故满武艺高强，尤其擅长射箭，可以说是神射手，十射九中。听故满这样一说，故龙半信半疑，心想故满可能吹嘘过了头，然而碍于面子在言语上还是应和着："那好，那好。"故满见故龙不太相信自己，就对故龙说："龙哥，也许我在你面前把牛吹大了，不过，我可以在寨上试给寨人和你看。"第二、三天，故满叫几个年轻人挑些稻草铺在寨中宽敞的院子里，稻草约 1 尺厚，他站在所铺的稻草中央，让几个身强体壮的年轻小伙子去打他，此时围观的人在院坝四周围了一圈又一圈。其中一个人突然朝故满冲过去，想凭借猛冲的力和一双拳头把故满掀翻在稻草上，谁知故满借巧力，一手迅速抓他的臂膀，另一手抓其脚腕顺势将其抛出丈许远；另一个年轻人见势，趁故满有点得意不太注意，从其背面进攻，然而故满此时却是眼观四周耳闻风起，旋即转身左手擒着年轻人握住拳头的一只手，右手抵抓青年的裤腰处顺势让该青年悬空翻了个跟斗落在地上。另外还有几个人见状，面面相觑，都不敢上场了。霎时间，围观的人都鼓掌叫好。为证实自己的本事，故满还叫人在河对岸栽上几根树桩，每根树桩的顶端都放一个酒杯，故满在河这边用弓箭对准河对岸每根桩上的酒杯一箭箭地射过去，酒杯一个个落了地。这让大家不得不佩服故满的武艺。

又是一个赶场天，偏寨人不像原来那样准备好鸡鸭恭候 S 寨人了。只有一伙人集中在寨脚一家的屋边，故满坐在这家的吊脚楼上，他身边放有弓箭。中午一点多，S 寨人赶场放船下来了，他们到偏寨河边一看，鸡鸭一只都没有，就咆哮道：“反啦?! 偏寨的人快点捉鸡鸭来，你们讨揍吗？”集中在屋边的那伙人中有一个人回答说：“要鸡鸭没有，要打就上岸来。”话音刚落，船上一个人就跳上岸来，只听“啊”的一声，跳船上岸的那人腿上中箭了，嚎啕大哭起来；紧接着第二个人又跳船上岸，同样中箭。船上的 S 寨人见后纷纷大喊：“反了！反了！这个寨子有神射手了。”接着他们把中箭受伤的两人抬上船就走了。从此，S 寨人再也不敢来欺侮偏寨人了。

偏寨人杀猪宰牛感谢故满，大家频频向故满举杯，说他劳苦功高。故龙举起杯子对大家说：“故满这次为我们寨除了强暴，使我们免于受苦。他虽然姓王，今他到我们寨上和我已经结拜弟兄，以后我们张、王二姓就像家族一样，子子孙孙不能开亲，大家说好不好？”所有人都举起杯子异口同声地说：“好！”声音响彻寨内。此后，平地营张、王二姓不能开亲，一直沿袭至今。①

同样，刘、吴二姓也不能开亲。话说平地营刘姓和吴姓分别从施洞的芳寨和塘龙迁至平地营，芳寨刘姓与塘龙吴姓相隔不远，据传很久以前两姓一直亲密无间，不是兄弟胜似兄弟。后来吴家抱得刘家一男孩来养，两姓情谊比原先更深厚。此时老人有言，刘姓过房到吴姓，二姓就如兄弟一般，以后便不能开亲。此话不隔三代，这二姓有人违纪开亲了，然而家族却不昌盛，由此这二姓又不开亲。随着社会的发展，现在人们已见这几个寨子刘、吴又相互开亲了，但平地营刘、吴二姓却至今坚持不开亲。

---

① 参见王元华所著北京现代出版社 2014 年出版的《清江寨风云》第 190 ~ 191 页。

第三节 通婚圈

平地营苗寨由张、刘、吴、姜、杨、王等不同姓氏组成，寨内除张姓与王姓、吴姓与刘姓不能开亲外，以前族际、跨地区通婚较少，但现在也多了起来，娶、嫁涉及的地理范围较广，远的到外省（市、县），近的在清水江、巴拉河流域临近村寨。

与民族通婚的村寨，清水江上游至下游沿岸涉及台江县的寨子有南哨、四新寨、旧州、八埂（施洞）、天堂、柏子坪、芳寨、塘坝、塘龙、偏寨、石家寨、杨家寨、平兆，还有稍远的屯狗、棉花坪、岑孝、良田、黄泡、猫坡、井洞坳、井洞塘、芝麻寨、猫鼻岭等；巴拉河流域临近村寨有鸡蛋寨、长滩、老屯、岩脚、榕山、刚良、白土（分张家寨"朴头"和杨家寨"该往"）、格色、平敏、平洋、巴拉河等；清水江沿岸属于施秉籍的村寨有巴往寨、鲤鱼塘、凉伞、巴琴、铜鼓塘、龙塘、塘珠、大冲、巴团、屯上、杨家湾、中寨（腮界屯）、沙湾、胜秉、得果遥、冰洞、冰溪、八埂（马号）、六合等地。通婚的村寨涉及姓氏有张、刘、吴、杨、姜、王、潘、石、田、龙、邰、廖、陈等。这些通婚村寨中，远的有二十多公里，近的隔河对岸一公里。大多数通婚村寨分布在隔河的天堂至平兆一带，通婚半径约为三公里。这些村寨互相通婚的历史悠久，密集程度较高，形成了一个稳定的婚姻圈。与这个圈内大家族缔结的婚姻，不仅走访频繁，便于互相帮助，而且荣誉度较高。

现在平地营也有较多与汉族通婚的。姜世新（保当）抗美援朝转业后到石家庄娶了汉族妻子，王文昌（荣水）在四川地质学校毕业就地工作也娶了汉族妻子……到如今，因工作（主要是打工），娶媳妇、嫁姑娘，全寨与汉族通婚的有30余人（不完全统计）。嫁娶涉及浙江、福建、广东以及贵州省诸多市（县）。娶进来的汉族媳妇有些已被"苗化"，不仅能听懂而且还能说出比较流利的苗话，特别是杨光豪（平土）老师的老伴陈凤章（镇远清溪江古人，汉族），多年来耳濡目染，不仅了解苗族风俗，而且能纺纱、织布、染布等，还会缝制苗家男女衣物。

第三章　村落社会组织结构

第一节　寨老与寨主

就字面意义而言，寨老（Bal vangl），就是寨子里年龄相对较大的老年人；寨主，就是寨子里理事的头人。在山乡苗寨，寨老一般也指为寨子理事的人，所以寨老与寨主，笼统地说就是一个意思，都是寨子中年事较高，身体硬朗，受全寨人推崇敬重，为大家理事服务的人。实际上，这样的人就是地方上的乡贤。余伟在《乡贤与民族村寨社会治理——以平地营苗寨为例》中指出："乡贤是生于乡村、长于乡村，对本村寨的环境和风俗人文比较了解，而且自身具有一定的学识、人品，在村寨办事正派、能率先垂范、乐于奉献并有极高威信的人。在苗族地区，乡贤也包括部分在村寨治理中发挥积极作用、有良好的道德品质、维护村寨利益、维护村寨和谐的寨老。"

寨老，在寨内是义务办事，不收取报酬，是宁肯牺牲个人利益的奉献者。其主要职责是处理寨内人际纠纷和家庭矛盾，拟定寨规民约，组织开展民俗活动等，平时也协助村委会维护村寨集体利益、维持寨内安定团结。

其实，平地营在 20 世纪 50 年代就有寨老制度了。笔者曾从寨内现在已是耄耋之龄的张元福（松天）老人处了解到，那时姜正发（生翁，已故）、张老火（火桥，已故）、张元福等几人既是村队的行政领导，又是本寨的寨老。为维护寨子声誉、寨民利益，他们敢说敢为，敢于碰硬。特别是姜正发老人，既是村农会主席又是寨老，在寨内处理事务公道正派，且为人和气友善，人们对他的评价至今还非常高。

"文革"期间，平地营寨老制度名存实亡。直至十一届三中全会后，寨老制度才又逐渐兴起。1980年，大队队长刘永江、二队队长杨光林、三队队长王文光（荣金）等几人既是大小队的领导，也是寨老，组织恢复打造了第一条独木龙舟。这条独木龙舟的制成，不仅展示了刘永江等寨老恢复民俗的决心，也汇聚了刘跃明（负责龙头的雕刻）和刘永达（莫八，负责龙舟舟身的掌墨）的个人智慧，更凝聚了全寨人的力量（到台江南拱购买木料后，他们号召去砍伐木料时全寨有男劳力的家庭，每户至少出一人；为筹措经费，又倡议本寨在外工作人员捐款）。

在村领导的积极支持下，张元茂、刘跃明、姜再勇（勤生）等被任命为第二任寨老。在党的农村政策不断深入人心之际，他们开拓视野，主动出击，通过在州县有关部门找项目，寨内自筹资金，寨民出工出力等，于20世纪末21世纪初，相继修整、接通马（号）六（合）公路进寨车道、踩鼓场、寨内巷道，并使自来水、卫生厕所进到各家各户。为丰富民俗活动，他们多年前恢复了狮子灯舞蹈，近几年又恢复龙灯舞蹈。由于寨内青壮年人口增多，十多年前又添置了第二条独木龙舟。同时，在建设社会主义新农村方面，寨老们还积极协助村两委，在本寨的公益事务、社会治安、综合治理中起到了保驾护航的作用。

多年来，张元茂等第二任寨老们为寨里办了许多实事、好事。2017年平地营寨貌改造，在张元茂等寨老的协调安排下，依据政策法规商定出切合实际的补偿机制，结果一块很大的公共场所（"宝嘎拉"菜园、寨脚田及"宝凉角"两所坟迁出）用地就被奉献出来了。如今他们年事已高，很多事心有余而力不足，于是，2017年，通过寨民议定，张五林、吴银水、刘天平、张贵平等年轻人（平均年龄35岁）接任，成为新一任寨老。由于旧的两条独木龙舟年久湿水，漏水笨重，划而不快，新的寨老召开寨民会议，决定制作第三条独木龙舟。会议规定寨内18～60岁的男人每人捐款500元，在寨老张五林等出资1000元的带动下，半个月内全寨18～60岁的男人全部交齐捐款，还有部分超过60岁的，如张乾豪（有发海）、张乾才等人，也主动捐款。

在大家的努力下，第三条独木龙舟当年就制作完成且在当年大、小端午时便下水参加竞渡。

第二节 家庭结构与义务

平地营目前有近百户人家，家庭组成形式主要有两种：核心家庭和主干家庭。主干家庭极为普遍，也有部分是单亲家庭和重组家庭。

核心家庭，即由夫妻及未成年子女组成的家庭。一种是父母仍健在且能自食其力，由于弟兄多，且弟兄间（或多数弟兄）都已结婚有小孩，按农村说法"树大分丫，弟兄多了要分家"，征得父母的同意，由父母分给适当的家业和责任田土，分居各住一边；另一种是父母已经辞世，弟兄各自分家。这种已经分家的家庭约占平地营总家户的40%。

主干家庭，即由夫妻、夫妻的父母或者直系长辈以及未成年子女组成的家庭。这里所说夫妻的父母主要是夫家的父母，因为在苗乡村寨，一般妻子的父母是不会随女儿来女婿家住的。上有老下有小的这种主干家庭在平地营占相当大的比重，较多的家庭不仅有三代同堂，且有四代同堂。当然，这种大家庭父母整齐健在的不多，有的只有父亲，有的只有母亲。

弟兄多的家庭，一般父母二老是与幺儿同住，所余家业归幺儿所有。俗话说"皇帝想长子，百姓想幺儿"，父母分财产家业时，难免留给幺儿的要多一些。老人离世，并不是幺儿一人承担，而是所有子女共同承担，作为子女都有义务和责任。出嫁的女儿已是客方，娘家的财产不参与分配，因此家中红白喜事有多送多、有少送少。独子家庭，财产家业、义务责任一人承担。

单亲家庭，即由单身的父亲或母亲养育未成年子女的家庭。这种家庭，过去有之，现在仍然有之，但为数不多。农村集体生产时期，靠抢工分吃饭，由于单亲母亲家庭劳力相对差些，单亲父亲家庭比单亲母亲家庭要好一点。土地承包到户后，所有单亲家庭的生活都相差无几，但总的来看，单亲母亲家庭要比单亲父亲家庭殷实一些，这可能是因为在理家持事方面女人要比男人强一些。

重组家庭，即夫妻一方再婚或者双方再婚组成的家庭。寨里重组家庭不多。这种组合家庭有本寨的，也有异地的。重组后，双方共同履行职责，与核心家庭基本没有什么差别。

对于六七十岁以上、无儿无女或有女（已嫁）无儿独居的孤寡老人，赡养方式有两种。一是由农村"五保"照顾，孤寡老人遗产归集体；二是族人商量明确孤寡老人愿意与族内某人共同生活，此人有责任和义务赡养这位孤寡老人，孤寡老人遗产归此人享有。

平地营单亲家庭很少，也没有丁克家庭，但不管是什么家庭结构，也不论本姓、异姓，大家相处和睦融洽，其乐融融。

第三节　寨规民约

寨规民约是由村干部、寨老与村民一起，召开村民大会议定的。形成文字后，还要给乡政府一份备案，相关村寨还要在公共场所张贴公示、宣传并参照执行。平地营执行村规民约从来没有含糊过，因此，村寨和平安宁，人人和谐幸福，在区域内堪称典范。

在村委（原生产大队）的领导下，新的平地营寨规民约一般随村委领导换届（三五年一次）产生。现分别摘录 1999 年和 2017 年的寨规民约。[①]

1999年寨规民约

随着社会的不断发展，结合我村的具体情况，为了适应我村的经济发展和人们生活的迫切要求，在遵守国家法律、法规、政策的前提下，另行

---

① 收录时原文条目有改动。

制定以下规定。

一、凡是进入赌场引起的纠纷并要求领导调处时，双方先各交 50 元调处费，调处人员再进行调处。

二、本组民事纠纷由本组村民小组长承担协调工作，由要求协调者支付每天 15 元的补贴费。涉及本村（组）调处的民事纠纷由村里负责调解指派工作的有关人员进行调解，调解人员的误工补贴费由双方共同承担，每天 15 元。村外调解每起事交 50 元给村里，再由村里付给调解人员每天 15 元，不管调解人员一次有多少人，都不得超过每人每天 50 元的标准。

三、做好防火和环境卫生整治工作。对引发火灾，造成人畜中毒、伤亡事故的具体责任人，按损失大小具体处理。

四、凡在巷道、猪圈、牛圈存放杂草，影响环境卫生的，罚款 30 元。

五、定期清扫巷道环境，不执行者每次罚款 10 元。

六、在指定的地点丢弃垃圾，违者罚款 10 元。

七、逞强霸道、酒后发狂、乱打人、骂人、骂街、侵犯他人人权、侮辱他人人格者，除承担医药费外，另罚款 100 元。

八、刚买进来或自然发病的牲畜，不得随意散放，违者罚款 20 元。

九、凡偷盗瓜果蔬菜者，除追回原物外，另罚款 100 元；凡偷猪、牛、羊、马的，除追回原物外，另罚款 1500 元；凡偷鸡、鸭、鹅、鱼的，除追回原物外，另罚款 1000 元；凡偷砍杉树、松树或其他果树的，树根周长一寸罚款 20 元；凡偷果树苗的，一株罚款 100 元。

十、进家偷盗者，除追回原物外，另罚款 1000 元；进家没偷得但形成手段的，罚款 500 元。

十一、偷集体炊事工具，一件罚款 1000 元。

十二、凡借用集体炊事工具办事的，损失一件赔偿一件，但要比原来的容量大，质量好，起码能通过寨主的验收。

十三、任由牲畜破坏庄稼的，除赔偿损失外，每只（头）牲畜罚款 10 元。

十四、本民约从通过之日起生效，原执行的村规民约同时废除。

一九九九年一月一日

2017年寨规民约

为推进本寨民主法治建设，树立良好的民风、寨风，维护本寨良好的生产生活秩序，努力实现百姓富、生态美、产业强的新农村，经全寨大会讨论通过，特制定此寨规民约，请广大村民遵守执行。

一、不得破坏、侵占内景设施、建筑物、山林土地，未经组管委同意，不得在规定的范围外建房、种地或搭建其他棚子，违者罚款500～1000元，并责令限时拆除和赔偿损失，情节严重的移交相关部门依法处理。

二、在寨内划定的区域，经组管委提议通过的产业发展和布局，村民必须严格执行，不得随意种植或养殖，违者每户处罚200～500元，并自行按时进行整改。

三、对盗窃者，每人每次处罚"4个120"（即120元钱、120斤酒、120斤肉、120斤米），如有本组人员内外勾结进行盗窃，另处罚5000元，并报公安机关处理。

四、各农户搞好自家及所属区域环境卫生，发现脏乱一次罚10～30元，并责令限时清扫，大牲畜过路排放粪便要及时处理，否则罚款20～50元。严禁未装配有防震、防破坏性能的农耕机、履带机、超重车在村寨道路上行驶，违者除罚款500～1000元外，并责令限时修复损坏路段。

五、严禁在自家周围、庭院及公共场所排放污水，乱堆放柴草、粪便等杂物；严禁向河道倾倒垃圾及建筑废料，违者罚款100～200元，并责令限时清除。

六、所有农户不准乱搭乱接电线。房屋内照明用电存在安全隐患的农户，组管委或供电所下通知后马上整改，规定期限内未整改的给予停电、停水处理。

七、不准酗酒闹事、破坏公共设施，违者罚款100～500元，并赔偿损失。

八、野外违规用火，每次处罚 50 元，造成火灾（含山火）的处罚 500 ～ 1000 元并赔偿损失，严重的送公安机关处理。

九、盗伐林木的，每次处罚 500 ～ 1000 元，盗伐景区古树及林木的处罚 5000 ～ 10000 元，并移交相关部门。

十、各农户需参加集体公益活动，无故不参加的，按每天 120 元收取误工费。

十一、各户牲畜和家禽（鸡、鸭、鹅等）实行圈养，一律不得放出，违者处罚 20 ～ 50 元，并进行捕杀。

十二、各中心户长负责督促成员搞好绿化管护工作（剪枝、除草、浇水等），未按要求进行管护的，违者处罚 10 ～ 50 元，并责令及时整改。

十三、举报违反寨规民约的村民，奖励处罚金的 50%。

十四、对本寨规没有明确规定的其他违法、违规、违背组民意愿行为，由组管委酌情处理。

十五、上述条款由组管委代表全体寨民严格执行，对不执行者（不听安排、不听指挥、不遵守本约），组管委有权执行：①该户红白喜事，寨民一律不去帮忙；②停止该户享受一切优惠政策；③对该户执行停电、停水处理。

十六、本约一式六份，农户、组管委、村委会、派出所、供电局、镇政府各一份。

十七、本民约自 2017 年 5 月 30 日村民代表会议表决后生效。

第四章　民间节日

第一节　祭桥节

"祭桥节"祭的是桥神，桥神是苗族宗教观念中的"送子娘娘"。在平地营，祭桥分为架桥和敬桥两种，而架桥又分为两种情况，一是主家无子，架桥请求上天送孩子来；二是主家已有子，架桥祈求上天保佑孩子祛病消灾、健康长寿。有关祭桥节的传说，详见文后附录。

在平地营苗寨的沟坎、路边随处可见大小、长短不一的杉木桥、石板桥等，桥旁还建有一土地庙（表示桥神）；进到苗民家中，大多数堂屋大门门内或门外还埋有三根杉木或一块石板，这些都是苗民所架的"求子桥"。有些苗民家中，在堂屋中柱绑上一根或几根带有竹叶、竹根且长度顶到楼板的竹子，中柱下有几根竹子就有几条做工比较粗糙的杉木凳，这个杉木凳就叫"保人凳"（Xiongt hxiax），也叫"保人桥"。

苗族人把桥比成神，祈求桥神保佑家中年轻夫妇生儿育女；而"保人凳"是让被保的人坐，凳神保护被保的人身体健康，被保的人寿命就像竹子一样多节，且一节比一节更长。

祭桥节是在每年的农历二月初二举行。祭桥的头天晚上，每家妇女都要煮上鸡蛋、鸭蛋、鹅蛋并在壳上染上红、绿等颜色，大人还向小孩叮嘱："明天桥公公、桥婆婆要来走寨，你们小孩可以不做事了，但不要惹事，要做个乖娃儿。"二月初二一早，大人起来把该煮的祭品煮熟，用构皮或棉线编织网兜将红蛋、绿蛋盛着，等小孩睡醒起来就挂在他们的胸前。男人用篮子装上蛋、腊肉、烙好的糍粑、米酒、香烛、纸钱等祭品，带着孩子去自家所架的桥上祭桥。祭桥时，大人和小孩在桥上烧香烧纸，带去的酒水和祭食每一样都要掷撒些于桥上，以供桥神享用。遇上过路的小孩，要主动送蛋、糍粑等给小孩吃；如果碰上大人，还要邀其在桥上一起喝酒。在屋外祭完桥后，如家中堂屋还有"求子桥""保人凳"的，回到家中同样还要祭拜。

屋内的"求子桥"

那些相对较大的桥，如房族桥或寨子桥，祭拜时要更为隆重些。祭桥当天，不仅要煮很多染有颜色的蛋，还要杀猪、牛、羊，宰鸡、鸭、鹅等，房族或整个寨子的男女老幼集中起来，在桥的周围饮酒对歌、猜拳等。这天，大人很少骂小孩，让他们尽情开心地玩。孩子们在一起，互相攀比他们挂在胸前的网兜蛋，拿蛋打架，破了的蛋大家就一起吃掉。有些调皮的娃娃还到河边捡取鹅卵石，拿回家来也让妈妈染上颜色，打架时"蛋"碰蛋，总能胜出。

架桥也很有讲究。架"求子桥"和安"保人凳"的人家，一般也选在二月初二这天，请巫师和一个称作"郎"（langx）的人负责做相应的仪式。这个"郎"必须是有儿有女且不是二婚，年龄稍长，身体健康，善处事，会言辞，在当地相对有名望的男性来担当。

二月初二这天清早，"郎"提着酒、肉、香、纸、麻线、1 丈 2 尺红布到坡上，在相中的杉树脚烧香烧纸，倒三杯酒洒在树上，把麻线和红布捆在杉树上，口中念道："主家托巫师和我来架桥，我看中你杉树爷，今天我用金斧银斧来砍你去替桥，请你积善又积德，给主家送子来。"砍好树扛回家中，将杉树锯成三节，去皮削好，在堂屋大门门内或门外地下挖一土坑，将那三节杉木放入并与地面齐平。这时巫师把剪好的红、黄、绿色小纸旗插在刚架好的桥四周，桥面放上煮好的 12 条小鲤鱼、12 杯酒、12 个红蛋、12 个小糍粑，也要把捆杉树那块红布撕成 12 条，巫师用凳子坐在刚架的桥旁，头盖脸帕，双脚抖动，念道："主家请'郎'和我来，讨我俩架桥，迎接娃进屋。我俩去展架①，背娃儿来送。快来呀娃儿，父母等桥头，样样备齐全。娃儿富贵命，长大得官做，来把父母孝，好命又长寿，活到百余岁。"念毕，巫师分给在场的人每人一条红布条，如果左邻右舍的小孩在大门口看热闹，还要送给他们每人 1 条小鲤鱼、1 个蛋、1 个小糍粑，主人家如有准备多的，所送越多越好。在屋外沟坎架桥，步骤也是如此。

安"保人凳"，意为添魂增寿。家中有人经常病痛，身体不太健康的，请巫师和"郎"来安个木凳，此人坐到这个凳上，凳神可以保佑其健康长寿。

安"保人凳'，一般在二月初二这天，也有用其他时间的。同样请"郎"去砍杉树来，在砍杉树前，先去挖一棵连根带枝叶的竹子，那棵竹子枝叶越茂盛、节数越多越好。挖竹子的仪式与砍杉树一样。"郎"把竹子和杉树都弄到主家后，先把竹子绑在堂屋的中柱上，再用斧头、锯子、锉子将砍回来的杉树制作成桥似的独凳，并安放在绑中柱的竹子脚下，中柱旁主人用桌子摆放与架"求子桥"一样的祭品。事毕，巫师开始念："今天我们来安凳，让他（指被保人）安稳坐。我与'郎'去深山处，请来 12 个山勇士，来保他全部。三个坐竹树，三个护杉凳，三个守门外，三个保他命，不许谁欺负。"念完，巫师将事先装有米和 1 角 2 分钱的小三角形布袋系在竹子上，再把麻

---

① 地名，剑河县一带。

线分别捆在竹子和独凳上，这时主人提来一只鸭子拿给巫师，巫师操刀杀鸭，将鸭血淋在竹子和独凳上，嘴里念道："你们12个山勇士，吃不愁，穿不愁，用不愁，安安心心在这里保佑他健康长寿。"边说边将那匹1丈2尺红布系在被保人身上，拉着被保人的手（男左女右），捏其中指，扯一下说："今天是平定吉日，我们来说就通，我们来做就好，保你活到120岁。"主家道一声"谢谢！"此时，安"保人凳"仪式就可以宣告结束。吃饭时被保人先坐那个杉树独凳，之后其他人便可随便坐，同样可以添魂增寿。

保人凳

随着寨民物质生活水平的提高，现有些家安"保人凳"时还杀猪办酒，请亲戚朋友和寨邻来祝贺，给被保人添加魂寿。宾客要带礼赴宴，以示敬意。值得一提的是，主家要给被保的人置办一件值得纪念的东西，如手镯、项链等，这些东西要经常戴在被保人的身上。

第二节 姊妹节

姊妹节，也叫"吃姊妹饭"，在每年农历三月十五举行。苗语叫 Noux gad liangl；"noux"就是"吃"，"gad"是"饭"，"liangl"是"了却心愿"之意，所以"吃姊妹饭"也可译为"吃了却心愿的饭"。

关于吃姊妹饭还有一个美好的传说。相传很久以前，在湘黔苗疆腹地大山深处的一个小寨子里，有一对少男少女，他们青梅竹马，两小无猜。长大后男的英俊帅气、能说会道、文武双全，女的眉清目秀、亭亭玉立，刺绣活儿更是百里挑一，彼此相亲相爱了。然而，他们却有缘无分，双方的父母都不同意他们的婚事，相互都说与对方家门不当户不对，时时处处都在阻止两个年轻人的交往。在春暖花开的季节里，一天，姑娘避开小伙子，悄悄一人到他俩经常去的山沟里——小伙子家一块水田，撬浮漂、捉鱼、捞虾的地方，自绝于一花树^①下。姑娘死前曾对小伙子说过："我的好阿哥，我们今生今世不能在一起，我走后会变成蚊子，在春夏之夜时时陪伴在你的身旁，靠在你的身上，我们一起游方，与你恩爱直至永远。"失去了心爱的人，小伙子远走他乡，一生未娶。为纪念姑娘，姑娘寨上原来的姊妹们每年到春暖花开的时候，都要到山上去采集"榜嘎量"和其他树叶，拿回家来熬成五颜六色汁水浸泡糯米，然后蒸成五颜六色的糯米饭（也就是现在人们称的"姊妹饭"）；与此同时，姑娘们还邀约别的寨子的小伙子们，到他们家水田里去捉鱼捞虾，再一起回到姑娘的寨子吃饭。可口的酸汤鱼、美味的虾炒蛋、香喷喷五颜六色的姊妹饭，加上自酿的米酒，姑娘、小伙子们胃口大开，尽情享受。夜晚来临，他们又一起来到姑娘寨上游方场地开心对歌，找到意中人后双双对对到僻静处谈情说爱，倾诉爱慕之情，哼唱热恋抒情的游方歌，沉醉于对方的真情实意，竟连手脚被蚊子叮咬都未察觉。

① 树开黄花，苗家人称"榜嘎量"（Bangx gad liangl）。

姊妹节前一两天，同一寨子的姑娘们相邀到别寨小伙子的水田里去捉鱼捞虾，只要是这一时间，不论是谁家的田里有鱼虾，姑娘们去捉捞都不会被骂。这里的深层意思是，在谈情说爱方面，姑娘们的心思要细一些，有意试探小伙子的家人大不大方、舍不舍得，以此判断如果以后与小伙子结合，小伙子靠不靠得住。吃姊妹饭那天晚上，小伙子们要到姑娘的寨子去游方、对歌，借故被蚊子叮咬，请姑娘送点姊妹饭吃。姑娘用帕子包好姊妹饭送小伙子，在姊妹饭中要放置东西，一来让小伙子猜测分析，二来也基本表明自己的心意。如饭中放有松针和一只筷子等，姑娘就希望小伙子归还帕子时买点针线，再送一把伞平时遮雨用，表示两人还需要继续交往加深感情，来年再考虑婚事；如饭中放有竹勾，姑娘就希望小伙子尽快与父母亲说，请媒人上姑娘家提亲，两人尽早完婚；如饭中放有小树叉，那就很明显，两人谈情说爱到此为止，不再往来……作为小伙子，见物明意，非常尊重姑娘们的意愿，即使不能成为伉俪，也是朋友一场。

这是苗族未婚青年男女借姊妹节讨姊妹饭谈情说爱、以物传情的一种浪漫方式，也是他们真诚无字、极富诗意的情书。

而中老年人也有讨姊妹饭、送姊妹饭的活动，借此时机，这些中老年男人与当年的老庚① 会面对歌（以飞歌或情歌的形式），抒发各自久别的情谊，试探、互问对方现在儿女情况，看能否让他们结交相识、以后开亲。叙说他们当年不能在一起，但现在成为亲家，也不枉他们相识、相知一场。当然，这其中有虚情假意、相互取乐的，也有真心实意的。通过对歌，虚情假意也好，真心实意也罢，这些中年男女能久别重逢、叙旧情怀，心里也感到非常高兴。惜别之时，女人们你一坨我一包地将姊妹饭凑在一起用篮子或箩筐装好让男人们挑回家。这个姊妹饭不像年轻人所得的姊妹饭，饭中不藏东西，但还篮子或箩筐时要退还糖果等。

讨姊妹饭活动发展到现在，意义在不断地延伸，形式和内容也在不断地

① 年轻时的情人，由于各种原因双方各自组成家庭。

创新和发展。受苗族姊妹节讨姊妹饭这种文化的影响，为加深友谊、促进交流、推动工作，施秉、台江、剑河等县也组织寨子向寨子、单位向寨子、单位向单位讨姊妹饭，时间不变，但活动内容不拘一格，形式多样。

集体讨姊妹饭，视双方平时的感情交流情况而定，往来关系达到一定程度，借此契机相互叙说情谊。无论谁为讨方，都要事先告知被讨方，让被讨方有所准备，一是准备讨方来时的活动，二是准备如何送讨姊妹饭。一般情况下，为迎接讨方，被讨方首先设置进寨门牛角酒。进寨后，主客双方先在宽敞的院坝跳踩鼓舞，然后长桌喝酒、吃姊妹饭，豪情放歌。酒喝到一定程度，被讨方根据讨方寨子（单位）所来人的多少，才决定用篮子或笭筐装糯米饭。姊妹饭上放有猪头、猪尾巴、猪脚（表示整头猪）等，又以喝牛角酒将讨方送出寨门。

为保持双方长期的关系往来，有讨必然有还。到来年姊妹节前，讨方必须买一头猪，并买糖果将篮子或笭筐装满送至被讨方的寨子。也可以根据自身情况结合农村实际给予适当物资帮扶；相聚时，大家又一起喝酒、唱歌、跳踩鼓舞等，不断加深双方的印象，促进感情交流。

施洞、马号一带（包括平地营）的苗族姊妹节，可辐射半径 15 公里以内的苗族村寨，活动地点主要在杨家寨、石家寨、偏寨。起初的活动地点是在杨家寨下的坡坳上，坡名叫"包屯卯"（Baos tunt maox），后移至杨家寨、石家寨屋脚河沙坝。今在台江县及省（州）的重视支持下，在"岗党略"（Ghangb dangx niol）的地方建起了新的活动场地。

姊妹节身着盛装的苗族姑娘在岗党略跳踩鼓舞

　　今施洞镇杨家寨、石家寨、偏寨、塘坝、塘龙等自然寨合并成以岗党略为名的岗党略行政村。姊妹节活动地——岗党略在杨家寨、石家寨、偏寨居中处，这三个自然寨是在三月十六吃姊妹饭。吃姊妹饭当晚，寨子的小伙子们要到其他寨子去向姑娘们讨姊妹饭。以前，三月十六那天，人们汇聚在杨家寨、石家寨边的河沙坝，有斗牛、斗鸟、斗鸡、赛马、吹芦笙、踩鼓舞、对歌等活动；三月十七又移至偏寨踩鼓场，这天活动以踩鼓舞、对歌为主。

　　现在，两天的活动都在岗党略场地开展，歌声、舞声，回荡在清水江两岸。站在稍高处俯瞰整个踩鼓场，以鼓为圆心，成百上千的男女老幼，站成十余圈的同心圆，女在内男在外，女人从头到脚着着苗族服饰，男人清一色穿着由妇女自织、自染、自缝的苗家青土布对襟上衣。随着那鼓手的鼓点，男男女女娴熟的舞步整齐划一，银光闪闪、银饰叮当，让人眼花缭乱。鼓舞场外，男女对答式的飞歌此起彼伏。踩鼓场人声鼎沸，热闹非凡。

　　到了晚上，青年男女相邀在活动地附近游方，互相倾诉爱慕之情，甚至互送定情信物（一般女的送男的耳坠、发簪、手镯等，男的送女的自己家中母亲自织自染自缝的青布对襟上衣），有的窃窃私语，有的情歌绵绵，直到天明还依依不舍。

岗党略踩鼓场

第三节　独木龙舟节

平地营苗寨在清水江边，与附近苗寨划独木龙舟习俗活动基本一样。

关于划独木龙舟的传说版本较多，这里叙述其一。传说很久以前，故宝和他的儿子经常在清水江平寨上游的深塘——十里长塘（Jiad daid）撒网捕鱼。农历五月的一天，他们摇船捕鱼惊醒了在塘底龙洞沉睡的龙王，龙王非常生气，腾身跃起，塘面掀起汹涌波涛，捕鱼船也被掀翻。落入水中的故宝的小孩被龙王拖至塘底咬死，故宝悲愤至极，一心要杀死恶龙，为子报仇。第二天，故宝头顶三角叉、在身上涂抹粉墨、手提大刀，把装有火草、火镰的猪尿泡捆在身上，赤条条扎进塘底，只见龙王正鼾然大睡，头还枕在自己的小孩身上。此时故宝怒从心头起，仇向胆边生，举刀朝龙王猛砍过去。故宝一不做二不休，不但把龙王砍成数段，而且用火镰敲燃火草，把龙宫也烧了。

龙死数日后，腐尸浮至水面，人们首先发现一节龙身随水漂浮于平地营寨脚下河面，即现在施洞塘龙的对面，之后在施秉双井的铜鼓、马号的廖洞（现在六合）河边也各有一节龙身浮出，同时人们也见老鹰叼着的一坨龙肉掉在了巴拉河上的榕山，龙尾最后漂浮停在施洞岸边，龙的肠、肝、肚、肺被冲在杨家寨脚的河滩上。

传说中龙是保护人间风调雨顺、五谷丰登的神兽。龙死后，清水江沿河雨水失调，不是水灾就是旱灾，而且没有白天，只有黑夜，农民无法耕作，百姓苦不堪言。龙虽已死，但灵魂仍在，遭到玉皇大帝痛斥后也感到愧疚，便托梦给清水江沿河百姓说："我罪有应得，请你们照我的样子用一根树枝做成船来在河里划，可保大家风调雨顺、五谷丰登。"之后不久，清水江边有一妇女正在洗衣，她淘气的小孩由于经常见大人划船，也学着大人拉纤划船样，用线系上妈妈的洗衣棒槌漂浮在河岸边，手拉着线边走嘴里边"咚咚哆、咚咚哆"地喊。由此天渐渐亮了起来，此后，雨水也真的和原来一样，该下就下，该停就停，百姓的生活逐渐恢复正常了。

正因这样，现在划独木龙舟的鼓头和锣童所敲的鼓和锣就是"咚咚哆"的声音，也为祭祀龙所赐给的福——有白天、有黑夜，有晴、有雨，农民便于耕种。龙托梦和小孩学划船显灵后，来年沿河各寨寨老集中商议，每个寨子都要砍树枝来做龙船，并商定划龙船的时间为龙尸浮于水面的农历五月，由于五月中上旬有些寨子还没有插完秧，即定在下旬。第一天（农历五月二十四）划平寨，先见龙身的塘龙划第二天（农历五月二十五），后见龙身（腐臭龙尸）的铜鼓、廖洞（六合）、榕山三处划第三天（农历五月二十六），得龙尾的施洞划第四天（农历五月二十七）。故，现在划龙船一直沿袭这个时间进行。见到龙肠、龙肝、龙肚、龙肺的杨家寨不安排划的时间，但制作的龙舟龙头颜色和龙的内脏（已经腐烂多日变为青紫色）一样，有歌为证：

Nangd dlinb daot bux dux,	杨家寨得内脏，
Nangd dlinb at vongx naox.	杨家寨制青龙。

　　农历五月二十四至二十七的龙舟活动，清水江沿岸划龙舟的苗寨称为"大端午"；汉族五月初五过的端午，苗民们则称"小端午"。至于"小端午"在平兆、胜秉两岸划龙船，则是受当地之邀沿袭形成的。原因是平兆原为上、下两寨，上寨全为苗族，有独木龙舟；而下寨是苗汉杂居，有汉族之处无独木龙舟。同样，平兆对岸的胜秉也是苗汉杂居，也无独木龙舟。但平兆下寨却是较早且繁华的集贸市场，当时比施洞还要热闹，1970年洪水吞噬了整个平兆下寨，市场才渐渐消失。据说小端午时只有平兆上寨一只龙船在划，受当地邀请时，临近有龙船的苗寨才与之共同活动。

　　关于苗民过的"小端午"，更有传说，很早以前，有一对龙从东方游来，公龙身不带物游走在前，母龙带崽跟在后，公龙游走到香炉山，回眼看母龙与崽龙才到胜秉地方。公龙呼喊母龙与崽龙快快追上，待母龙带着崽龙追至金钟山时，山脚下的鸡已陆续鸣叫（鸡叫后，天开始破晓，龙就不能游走），母龙唯有呼唤公龙："鸡已叫，我娘俩来不到了，你在香炉山，我在金钟山，我们相互呼应算了！"由此传说，苗民过"小端午"制作龙舟开始划时应是在胜秉，龙是保护人间百姓风调雨顺、五谷丰登的神兽，故有苗歌传唱至今。

Vongx beid leit biel jiol,	公龙到香炉山，
Vongx mief niangb nangl dliangl,	母龙还在胜秉，
Oub nongs xiangd ghaol vongx bab laol,	雨水熟稻龙送来，
Dangx daob niut nongb vongx lab lil;	民众不忘龙恩赐；
But hout vongx hfangx nangl,	感谢龙心明眼亮，
Qiab vongx qid nangl dliangl;	划龙起在胜秉，
Max qiab max xiangd ghaol,	不划五谷就不熟，
Qiab vongx jiof xiangd ghaol.	划龙才熟五谷。

　　由此可见，清水江沿河苗族小端午划龙船与前述见龙尸浮于各寨脚河边并规定其划龙时间、场所无关。而且据传，胜秉早时也全为苗族，也有独木

龙舟，每到小端午，都与对岸平兆共同邀约邻寨龙舟参加活动。后由于胜秉龙舟被大水冲走，加之汉族住户逐渐迁入，各种因素影响下，胜秉龙舟没有得到恢复。正是如此，小端午划龙舟活动才移至平兆。

由于母龙隐居在金钟山上，所以，河边苗寨人起初制作龙船时就以金钟山山形为图样，金钟山作母龙，金钟山两边的低矮山就是崽龙（子龙）。制作成的龙舟古朴硕大，别具一格，准确地说最初的龙舟应该是用 3 根独木刳空而成，故而称之独木龙舟；而现在已经没有过去那么粗大的树木，只能用多根树木解成厚板后拼制而成。中间为母龙，长约 20 米，宽约 0.7 米，分 6 节舱；两边各置一个长约 15 米、宽约 0.5 米的子龙（较多的为独木），各分 4 节。龙身平时被放置在村口河边专门搭建的龙棚里，龙头则放在寨里专门搁放的地方。竞渡前寨人抬龙舟下水后，用竹篾或绳索将两只子龙绑在母龙两旁。龙头用水柳树精心雕琢而成，长 3 至 4 米，高大、色彩斑斓，雕有龙眼、耳、鼻、舌、齿，嘴含珠，腮挂须。龙颈背部刻有龙鳞，涂着红、黄、绿、白、青等多种颜色。头顶一对长长弯弯的水牯牛角，左右角上分别写有"风调雨顺"和"国泰民安"八个字。无龙尾。

龙舟竞渡时，手持一人多高桡片的水手们，上身穿苗家妇女自织的深紫色土布衣，下身穿蓝色布裤，腰间扎一条镶着银泡或银片的腰带，头戴插着三根银叉片的黄色马尾斗笠。母龙前方第一节舱台坐有四个人：第一个人坐在龙身与龙头连接处，背朝前方，负责呐喊助威和靠岸或上滩时撑篙掌握龙舟行驶方向；第二个人也背朝前方，负责鸣放铳炮制造声势并负责记礼；第三个人是身穿白色长袍、外套一件黑色马夹、头戴一顶宽大麦秆草帽的老人，是竞渡龙舟的鼓头，同样也背朝前方，负责敲鼓；第四个人是一个男扮女装，负责敲锣，年龄在 10 岁左右的小男孩，即锣童。男孩坐处是子龙与母龙第一节舱台对齐处，此处置有一个雕刻完美的小龙头，小龙头吊着锣并捆绑一把黑雨伞为其遮荫。其余的水手分成两列（每列 12 或 16 人）站立在两只子龙上，也有三四位老人站在母龙的最后一节舱，协助尾部舵手掌舵。在母龙第 2 至 5 节舱上放有几甑糯米饭，甑上有煮熟的鸭、鹅、猪等，同时也备有自酿的米酒，供龙舟到达目的地后水手们食用。午餐时，只要有人来讨龙饭，龙舟上的水手必然送上一坨糯米饭，以示有福同享、与众同乐。

一般地，每条龙舟出行时都有两个专门的歌手唱龙舟歌。龙舟歌歌词不长，仅有两句，但那天籁般的起头拖音"Biet neif ieeb，ieeb，ieeb ieel"（无实际内容，音拖较长），接着是唱词，最后结尾以水手们整齐地"呦吼"一声结束，整个唱段悠扬动听。龙船歌不同于飞歌那样奔放铿锵，也不像酒歌那样柔情似水，却有一种柔中有刚、刚中带柔的别样情致。龙舟歌的唱词包含以下内容。

一是出发时，为激发水手们鼓起精神，鼓动大家用力划龙舟，尽快到达目的地的唱词。

Max mol max leit dlongs,	不去不到目的地，
Max liaox lil at des.	不知礼面放在哪里。

二是到别的寨子河边，邀约别的寨子龙船同行的唱词。

Dax dlial ghangb laot dlongs,	出发就到目的地口，
Vongx dlub mangl set les.	众多龙脸成白色一片。

三是到别的寨子或到达目的地，亲戚朋友以礼物接龙时感谢的唱词。

But hout manx bub houl,	感谢你们呀感谢，
But hout manx bab lil.	感谢你们送礼。

四是亲戚朋友送礼后，表达龙舟上所有水手心情、感受的唱词。

But hout manx bub houl,	感谢你们呀感谢，

Bieb vut jiaox vib dlial.　　　　　　　　　我们心情多么高兴。

　　鼓锣连贯（鼓声"咚"、锣声"哆"）发出三种声音，一是咚—哆（轻和缓慢），二是咚—咚—哆（稍快），三是咚—咚咚咚—咚—哆（节奏感强，很快）。第一种声音是开始或已到目的地的时候，让水手们有所准备或休息的意思；第二种声音是出发或竞赛的预备敲法（动员）；紧接着连续敲第三种，第三种节奏快，具有一种激昂、振奋人心的力量，表示催水手们尽快整齐奋力划龙舟，在竞赛时也可连用这第三种敲法。

　　划独木龙舟要举行一系列的仪式。首先，龙出行第一天要"地归克"（Diot gheib khib），这实际上就是驱除邪恶的一种仪式。清早龙舟出发前，在龙船旁的河岸边摆上一张小桌子，桌上放有一升米，米上放 1 元 2 角钱（现在一般放 12 元或 50 元不等），一副自制木卦，还有三杯酒，三片芭茅草叶以及香纸，桌脚用绳子系一只大白公鸡，桌前插一根已经剥了皮的五倍子或柏树树权，树权上系有巫师用白纸剪的白吊纸（似清明节的挂白）。一切准备就绪，可请巫师"地归克"。巫师走到桌前，先烧香纸，然后振振有辞地念咒语，大意是：寨上的龙一年一度的出行就要开始了，请山神保佑，请龙王撑腰，我们这里备有各式各样的钢刀（手拿起芭茅草扬几下），请你们驱逐一切妖魔鬼怪（一边念咒语一边抛甩木卦在地上，木卦一半开一半盖为吉利，如两半都为开或都为盖则不吉利），保证龙舟出行平安无事，万事大吉。我们要感谢山神、龙王（同时抓一把米抛洒在地上，并宰大白公鸡，让血流在地上）。咒语念毕，把大白公鸡一只翅膀砍下来，同木卦、芭茅草一起捆在五倍子树权上，整个龙舟节活动结束才能扔掉。龙舟出行前的祭祀活动，清水江边划龙舟的大部分寨子非举行不可，平地营和塘龙两寨由于有深塘里的龙王保护就不必举行。

　　其次，"取圣水"，也叫"讨圣水"（Meib eb）。新制作的龙舟，必须在头年到传说中的杀龙地点——平寨上游的十里长塘举行"取圣水"仪式。龙舟出行前准备一大把芭茅草扎在龙舟尾部舵手处，到达这里的每条新龙舟上的水手们各持一把芭茅草，划着龙舟由上至下绕塘一圈，大家整整齐齐"呦吼"一声，同时也将手上的芭茅草丢入河中，龙舟才能靠岸。然后烧香烧纸、杀鸡宰鸭，供奉龙王，仪式结束后龙舟才可启航下划，到平寨河沙坝参加活动。而今，"取圣水"的仪式已经简化，新龙舟只到活动地点平寨，也只需绕塘划龙舟一圈和丢芭茅草于河中即可。这一仪式的意思是：本寨龙舟水手持着钢刀，一路披荆斩棘、驱除邪恶，向当地山神、龙王报告顺利到达！需要特别提及的是，所有龙舟必须第一天到平寨，第二天到塘龙（绕平地营寨脚深塘一圈）。

最后，接龙送礼也是重要的一个环节，主要包括以下几个方面。

一是鼓头亲戚①接龙。划龙舟的头年，寨子就先召开全寨会议，商量推选下一年的鼓头。鼓头必须是寨子里相对年龄稍长、身体健康、德高望重、儿女双全、亲戚又比较多的人。鼓头一旦选定，鼓头家要买些糖果到每个亲戚家告知此事，其意是麻烦各位亲戚来年赏脸。到第二年划龙舟时，龙舟划到或路过鼓头亲戚的寨子时，亲戚们必须接龙。属于郎舅关系的，较多的以猪接送，最起码也是鹅或鸭；女婿一定以猪相送，甚至有些送牛；其他一般的亲戚以鹅或鸭相送。当然，这得看亲戚的家庭条件，送礼大的话鼓头与亲戚在众人面前都有面子。一般以猪接龙的亲戚，其家族也会拿鹅或鸭陪同来接。每个接龙的亲戚在接龙时，将一条红布或一条红绸子（现在较多的是红缎子被面）捆在龙角上，然后先倒一杯酒到龙嘴或龙头，表示龙先吃，再敬龙舟上每一个人一杯酒。等到划龙舟活动结束，龙舟上岸进龙船棚时，鼓头家还要杀猪宰鸭请全寨男女老幼、亲戚好友。

二是出于礼节，划龙舟期间，鼓头家每天都要喊在龙舟头撑篙的人和在龙尾掌舵的舵手以及寨老吃饭，用酒肉款待三人。

三是划龙舟活动期间，龙舟每到一个寨子时，除提前敲锣打鼓外，还要燃放一至三响火铳炮，意思是让鼓头家的亲戚听到声响，出门看是不是自家

① 实际上并不单指姑妈接舅爷，还有姨表和其他亲戚朋友等。

做鼓头的亲戚寨子的龙，如是即接龙。

四是龙舟比赛时，火铳炮手要连续燃放三响火铳炮，用意有二，一来鼓励本寨龙舟水手们用力加油，二来邀请对方龙舟齐头并进。

任何神圣的事物都必须靠禁忌来维持其边界，在苗民眼里独木龙舟具有神性，因此存在不少禁忌。划独木龙舟的禁忌内容主要包括以下几个方面。

一是家中新添人口，且孩子未满月的家庭，拉龙舟下水、竞渡、抬龙舟上岸等都不允许其参与，即使是寨子要求每户集钱或出物，该户也不能列入，大人、小孩只能当观众。

二是划龙舟期间，每天做饭用的炊具，以及饭食汤水，在龙舟出行还未返回寨子时一律不能动，以祈求龙舟当天出行和返回时风平浪静、平安大吉、不出意外。

三是划龙舟的水手们一律不允许挽裤脚。划龙舟的目的就是祈求风调雨顺，换裤脚意味着怕湿水（雨），会受到龙王的责怪。

四是在水塘深处划龙舟，水手不能高声喧哗，更不能锤鼓敲锣，大家暗自用力划过。如流入清水江的巴拉河支流巴拉河寨上面有一深塘（Jiad hxingd），此处山势险峻、林密葱茏，河塘深不见底。传说一，此处山神凶猛、喜怒无常，且无所畏惧；传说二，水塘深处，也是塘底龙王休歇之处，河面龙舟吼，河底龙王醒，必然引起二龙争斗，所以河面的龙舟路过此地时只能"忍气吞声"了。

在清水江流域，人们通常知晓上至平寨下至六合（简称上游一带）划龙舟，其实下游五合寨子也在划。五合所划的龙舟是两头微翘的燕尾船，将龙头（略比上游的小）绑在船头即可，划时没有统一的服饰；而今他们的龙舟型制与施秉、镇远等地的一样，但划龙舟时间与上游不同，是在农历六月。

独木龙舟活动现场

第四节　过卯节

"过卯节"也叫"吃新节"（Noux maol），苗民这样唱："讲给众人听，六月要吃新；吃新请姑到，秧叶匹匹青；稻苞壮而实，秋来好收成。吃新不误卯，两卯在六月，吃新在头卯；三卯在六月，吃新在二卯。"意思是说：苗家每年农历六月都要吃新，且要请姑妈到娘家来全家团聚，这样才会秧青谷壮、粮食丰收。如果那年六月有两个卯日，吃新节为第一个卯日；如果那年六月有三个卯日，吃新节为第二个卯日。吃新节那天，天刚亮，人们就下田去捉鱼，并抽六根嫩稻穗苞拿回家，将六根嫩稻穗苞分三股分别挂在神龛上，然后杀鱼、宰鸡、宰鸭、蒸糯米饭、酌酒、烧香、化纸祭祀祖先，祈求苍天保佑风调雨顺、庄稼丰收。一切就绪，专等姑妈的到来，全家就可以"吃新"，共进一餐丰盛的团圆午饭。

相传很久以前，人间没有谷子，是苗族的祖先发现老鼠喜食稻粒，由此知道稻谷能食并开始种植它。但因洪水滔天，谷种冲到天上雷公家，雷公把谷种收去放在九个仓里。

那时候，地上只有姜央和妮央两兄妹，他俩成亲后生儿育女，没有谷种怎么生活呢？姜央首先派公鸡去，要它把谷种带回人间。当公鸡飞到天上雷公家门口时，抑制不住喉咙喔喔叫起来，被雷公发现了，没有偷成，姜央只好派老鼠上天再去偷谷种。老鼠从齐天高的马桑树爬上去，走到雷公家仓门口，一只猫和一只狗趴在地上守着，老鼠没办法下手，只好回来跟姜央说。姜央告诉它："你带一根骨头和一条鱼去，将狗和猫逗出来，把鱼丢给它们两个去抢。猫手脚麻利先抢得，狗就会去追它；你再把骨头丢在仓门外，一会儿猫和狗回来的时候又要争抢一回，又是猫先抢得跑走，狗又去追它。这样你就好下手了！"老鼠又上天去，按照姜央说的去做，狗去追猫抢鱼，不知追到哪里去了。老鼠一下钻进仓里面去，见满仓黄澄澄的稻谷，直淌口水，埋起脑壳就吃，哪里还记得姜央的吩咐！老鼠把米吃完，把谷壳丢下人间来，姜央气惨了，决心要打死老鼠。老鼠自知姜央不会放过它，回来就钻进地洞里头，再也不敢出来见姜央。从此，老鼠见人就跑。

没有谷种，净是些谷壳，怎么办呢？姜央绞尽脑汁，也没想出办法来！妮央却想出个好办法。她说："谷子浆浆不是像奶水一样吗？我来试试看，把奶挤进谷壳里，能否变成谷子呢？"她试了三次，硬是办成了！谷壳里挤进奶水，都变成了谷种！姜央十分欢喜，春天拿去播撒在田里，那里田土肥，头天种下去，第二天发芽，第三天长出穗，稻穗像狗尾巴一样大。从此，人间就有了粮食。因姜央丑日寅时生，雷公卯日才出来，后来人们祈盼丰收，祭祀稻神，在卯日杀鸡、捉鱼、取新米过卯节。

平地营有六个不同姓氏，"吃新节"在卯日中午，按理原来应该一样，然而由于发生了一件让人痛心的事，而今张姓"吃新节"在卯日的下午，其他五个姓氏仍在卯日中午不变。

传说镇远涌溪洗马河有一刘姓汉族青年，他经常到金钟山下的瓜南西

（现在的马号镇沙湾河沙坝）集市赶场，以卖木梳为生。平地营离瓜南西很近，每逢赶场天，平地营张氏有一名叫两欧的姑娘，与寨上姐妹们都相互邀约到瓜南西去赶场，经常与洗马河刘氏青年碰面。也许是前世姻缘，从第一次碰面起，两欧就暗暗注意到了这位刘姓青年，他五官端正，长得帅气，且买卖公平和气、不坑人。有一天，刘姓青年也注意到，怎么每个赶场天这个姑娘都在我摊前游来晃去，却什么东西都不买，难道是想买我的木梳子身上又没钱。他问："姑娘想买梳子吗？如果中意，拿一把去吧，我不要钱。"姑娘答道："我不能白要哥哥的，你卖给别人多少钱我就付多少钱。"姑娘拿出钱去就要买一把，然而这位青年却坚持不收她的钱，硬把梳子塞给她，说道："你看得起，就算我们交个朋友吧！"这样，姑娘羞红着脸道声"谢谢"就走了。回家那天晚上，姑娘把这事给老妈说了一遍，老妈对她说："你是不是对他有意思了？如果有意思，就只能悄悄跟他去，因为你说的他不是本地苗族后生，我们家也穷，家里没有银首饰给你陪嫁，妈背着哥嫂和你老爸这就悄悄松口了。"姑娘埋着头不说话。

那刘姓青年回到家后，也在想这位姑娘，虽然她穿着打扮不及其他苗族姑娘华丽，但她身上的衣物比其他苗族姑娘朴素大方，人也长得十分漂亮，心想如能娶她做妻子，下辈子做牛做马都愿意。又是一个赶集日，两欧又来到刘姓青年做生意的摊前，二人相见，心中无不感觉欢喜，他们又说了好多话。最后，刘姓青年鼓足勇气说："姑娘，既然我们已是朋友，能不能跟我到我家玩一趟？"两欧羞涩地轻声说："只怕哥哥的父母嫌我是苗族，家里又穷。"刘姓青年说："不会的，不会的。"

就这样，两欧姑娘跟刘姓青年到了镇远涌溪洗马河，成了他的妻子。他们在那里男耕女织，孝敬老人，养儿育女，夫妻感情和睦，日子过得也算殷实。且说两欧每年回娘家吃卯，刘姓丈夫都起早帮忙收拾东西并送上一程。

又一年吃新节到了，两欧的丈夫在外做生意，就没有回家来。两欧一个人害怕，那天天亮了才敢上路回娘家，所以不能与全家吃团圆中午饭。虽然家中爹妈、哥兄老弟、侄男侄女还是和往年一样热情，大哥还说："我们等你到午时，以为你今年不来了，我们才过的卯。既然来晚了，饭菜都是现成的，歇一会老妈陪你吃。"话虽这么说，两欧心里总觉得不是滋味，自觉十分难过。这一年过卯只是老妈陪着边拉些家常边吃饭，饭后又匆匆忙忙回家。

回家路上两欧心想，当时我为什么嫁这么远，而且嫁的又是汉人，还让寨邻朋友讥笑。确实，现在大家回娘家，只有我苗不苗、汉不汉两不像，我真的白来到这世间，与朋友多么不般配……她越想越伤心，越不能控制自己。到洗马河时天已黑尽，踏进家门，黑灯瞎火，点燃油灯，走进卧房，娃儿们已经熟睡在床上，她轻轻上前每个亲了一口，然后从老衣柜里取出当年离家时老妈送的那根腰带，轻手轻脚走到堂屋，孤灯下，泪流满面地哼起苗家伤感小曲。

Wal liangs dal nax daok hsent hsut,	我生人品不算错，
At lat jiaox nangs at nuod hxiat;	怎么命运这样坏；
Nuof fat said khoud kheit diol yat,	只恨家穷远嫁汉（汉族），
Max xiangf kob ghongl beid bied ngangt;	有时语难比手势；
Nuof haot yous ngas khangd niangs vut,	虽说夫勤品德好，
Vib lab keb hmub daok hsux hmat;	但句苗话都不会；
Kab lix at daos nuof mol at,	男耕女织各自做，
Yas lul pangl vangt xiat daid naot;	养老育幼苦度过；
Meis said noux maol gangx daos leit,	娘家过卯赶不到，
Daos fat ghab bul laol dios vangt;	无奈朋友来讥笑；
Wal niangb fangb daib at ghal xil,	我活世间做哪样，
Daok hsux saod mongl saod diangd dut;	不如早走再来世；
Lies ngiex lies songd wal haib vut,	脱胎换骨变我样，
Jiex lius dal bul kib tongb hsout.	与人般配也乐笑。

哼完伤感歌，两欧即用老妈送的那根腰带悬梁自尽了。从此之后，平

地营张家老人说，为远嫁的姑妈能赶回过卯，以后过卯改在下午。因此，平地营张家吃新节在下午一直沿袭至今。[①]

<h1 style="text-align:center">第五节　其他节日</h1>

一、吃牛饭

平地营，包括清水江沿岸施洞、马号附近的苗族村寨，在四月初八这天，人们都要放下农活，各自在家给牛过节，苗语叫 Noux gad liaod，汉语直译为吃牛饭。

这天，人们用摘来的黑树叶熬出汁液，将汁液水浸泡糯米后蒸成黑色糯米饭，杀鸡、宰鱼、煮腊肉等来过节，男人们还串门喝酒猜拳，侃谈耕作情况；这一天牛也不下田耕作，人们把牛关在圈里，喂牛吃糯米饭，特意煮糠、米或苞谷粥给牛吃。因为牛在春耕这一段时间，是最辛苦劳累的，特意给它放假休息一天。

牛不仅给人类耕种提供了极大的帮助，而且很早以前就有传说，外族侵犯苗族，是牛立了大功，有苗族古歌为证："外族来侵犯，苗王发号令，老幼齐上阵，守我苗家寨。牛群打前战，角顶牛蹄踩，搅乱敌阵线……"所以苗民特别敬仰和崇拜牛。牛的生命结束了，苗民还将牛角放在神龛上，像祭拜祖宗一样祭拜牛。苗民除了心理上敬仰和崇拜牛外，还通过各种方式来缅怀牛。妇女围裙上多见牛的图案，银饰头戴牛角银叉。人们会在独木龙舟的龙头安上似牛角的两只角，且划龙舟的水手头上戴的马尾斗笠也插有牛角似的银叉，经常捕鱼的渔郎用的渔叉也是钢铁牛角渔叉……

[①]　参见政协施秉县文史学习社会联谊委员会所编《施秉风物传说》第146～149页。

二、偷瓜送子节

农历八月十五当晚，寨子中的妇女们聚在屋外，赏月、说笑，谈论寨里哪家夫妇结婚几年还没有生小孩、哪家年轻夫妇只有一个小孩等。

于是，一伙妇女邀约去寨子附近偷老南瓜，在老南瓜上抠一个洞，把瓜内的瓜籽、瓜瓤抠出来，灌进水，然后用布或其他东西堵上洞，一人用背带背起这老南瓜，朝她们确定"送子"的那家走去。到那家门口，便大声地喊："××，开门啊，我们给你家送娃儿来了！"主家开门后，背老南瓜（娃儿）的妇女和另外一两个人直接进主家卧房，边走边学娃儿"嗡哇、嗡哇"的哭声，其余的人和主家说说笑笑。进卧房的那几人，把南瓜放在床上，拔开堵在南瓜洞的布，让水流在床上，边学娃儿的哭声边喊："你家这娃儿哭得很凶，尿淋床上了，你们自己抱去。"主家随即说："好！好！谢谢你们大家了。"大家有说有笑，主家拿出钱（一两百、两三百不等）来送这伙妇女们出门。主家把老南瓜拿来煮南瓜稀饭当宵夜吃，吃毕大伙才回家休息。主人家给的钱是这伙妇女们第二天打平伙①的费用，小孩们见到大人这样后，也纷纷学她们的举止，背着南瓜（小孩）到那些年轻夫妇家去送，这些年轻夫妇家必然给每个小孩一两元钱或糖果表示谢意。

在清水江两岸苗寨，八月十五的晚上，到田边地角偷老南瓜不会被骂，同时，人们也借这晚上背南瓜（娃儿）到无小孩或小孩比较少的年轻夫妇家里。由此，八月十五中秋节，苗寨也叫偷瓜送子节。

随着社会的发展，人们的生活水平日益提高，如今"偷瓜送子节"不再是过去偷瓜、背瓜到别人家去，也不再是煮南瓜稀饭吃了，妇女们直接与需要孩子的那些人家说，今晚我们要背娃娃来你家，该户也肯定表示欢迎。

---

① 指平均出钱聚餐。

三、重阳节

清水江沿岸施洞、马号一带的苗民早年就过重阳节，至今仍然在过。这天清早，这里的苗民放下手中活路，三五户一个粑槽，打糯糍粑（重阳粑），"咚、咚"捶粑的声音此起彼落，而且还要杀鸡、宰鸭，做丰盛的午饭。中午时分人们云集在施洞下方的塘坝（河沙坝），女的身着盛装跳着踩鼓舞，男的观看斗牛、斗鸟、赛马等比赛，热闹非凡。

四、鼓藏节

鼓藏节，又称"吃牯脏"（Noux jiangd niol）。一直以来，鼓藏节一般都是在同一个房族的寨子或关系较密切的几个村寨间进行。鼓藏节有小鼓藏、大鼓藏之分。小鼓藏每年一次，时间多在初春与秋后农闲季节，杀猪、宰牛邀请亲友聚会，其间举行斗牛、吹芦笙、踩鼓舞等活动；大鼓藏一般13年举行一次，现在举行鼓藏节活动的苗寨都是以13年一次为多，其重要内容是杀牛祭祖。

传说以前有一对老夫妇，结婚多年一直没有生育儿女，有一年到鼓藏节时，老头儿问老太太："今年鼓藏节快到了，我们吃什么好呢？"老太太答："我们两个老了死就完啦，我们有钱怎样，它毕竟是身外之物，生不带来死不带去，买一头牛杀来吃吧！"老头儿听后尽管心疼花钱，但仍然点头，便去买来一头水牯牛。老太太一看，说："啊？老头儿呀，你怎么买的这头牯牛旋毛不好呢？"老头儿答："我也没注意看，反正是买来杀了吃的，管它旋毛好不好！"二老便请亲友寨邻来吃牛，没想到杀牛过鼓藏节后，第二年老太太竟生了一对男娃双胞胎。待娃儿12岁后又逢鼓藏节，老头儿又问老太太："这次鼓藏节我们又吃哪样好呢？"老太太答："原来我们两人都杀牛吃，现在我们有了两个小孩，就更应该杀牛吃了。"老头儿听后便高高兴兴去买牛，通过前次老太太的提醒，这次老头子买牛非常注重旋毛，转了几个寨后确实选中了一头旋毛非常好的水牯牛。杀来吃了后，两个小孩随即死了，但过几个时辰后，这两个小孩又突然复活了。老夫妇既惊喜又迷惑，老太太拿米、香、纸去看鬼师，鬼师说："原来旋毛不好的那头牛是来帮你家的，是它给你们二老送来这对小孩。因为这头牛生来活了19疆①，一直没有人看得起（不买它在鼓藏节时用），它很感谢你家老公，把它拉来在鼓藏节用。这次鼓藏节你们又买得旋毛好的牯牛来杀吃，是这头旋毛好的牯牛把两个小孩拉去（弄死）的，而之前旋毛不好的那头牛正好去松党高②，见两个小孩已在那里，它又把两个小孩拉回来（复活）了。"旋毛不好的牯牛还通过鬼师唱了这样的唱词——

Wal niangb jiangx jiuf jiox jiangd,	我坐了十九疆，
Houd nous wal hnab max xied,	鼓藏轮不到我，
Daot jiet Dlongs dangx ghaod,	坐那松党（坳），
Bud hout aob wus ghout,	感谢你们二老，
Oud wal at noux jiangd,	要我作鼓藏用，
Diangd jiet Dlongs dangx ghaod,	转爬松党（坳），
Hsongt bongl dial bab ghout,	送双胞胎给公。

　　正因这样，以后每到鼓藏节，老夫妇再也不杀牛，而改杀猪了。

　　现在苗族地区很多村寨都举行鼓藏节活动，邀请寨邻、亲朋好友来杀牛或杀猪祭祖，但杀牛祭祖禁忌多，一不小心就会出现危险，因此不少地方干脆不过鼓藏了。

　　平地营苗寨六姓氏从来没有举行过鼓藏节活动，然而平地营张姓与偏寨以及平洋（同房族张姓）在20世纪50年代前曾经举行过，在此之后鼓藏节也已经名存实亡了。

---

① 一个鼓藏节就是1疆，1疆13年，19疆就是247年。
② 地名，指一个坡坳。

第五章　传统习俗

第一节　年俗

苗民过年风俗古朴、奇特、有趣。平地营苗寨也有不少习俗，如过年前后打扫房屋、吃年饭不拿筷子、除夕夜洗脚、童子娃儿拜大年、大年初一忌扫地、大年初二挑新水、敬土开工做活等。

一、打扫房屋过新年

从进入腊月到除夕，平地营人要选择吉日打扫房屋（Qieb said）。这个吉日以十二生肖（子、丑、寅、卯、辰、巳、午、未、申、酉、戌、亥）日来选定，平地营六个姓氏中，张、刘、王三姓氏是巳日打扫卫生，而吴、杨、姜三姓氏是丑日打扫卫生。打扫卫生的日子叫作"迎春日"或"扫尘日"。扫尘就是年终进行大扫除，让居住环境干净整洁，喜迎新春，人们舒心愉快过大年。因"尘"与"陈"同音，新春扫尘有"除陈布新"的含义，这么做是为了把一切"穷运""晦气"统统扫在门外，同时寄托人们辞旧迎新的愿望。

二、吃年饭

平地营苗民过年，年饭最为丰盛，但以前吃年饭时不用筷子。用手抓着吃，表示富有，预示来年家旺、财旺、事事旺。丰盛的年饭，鸡、鸭、鱼、猪样样都有。鱼，年夜饭很少吃或者不吃，只是祭祖供饭用，煮好的鱼一般放在阴凉处（现在较多家庭有了冰箱，可放在冰箱里）待第二天吃冻鱼。由于苗民喜欢吃糯食，家家户户少不了煮糯米饭，或者用甑子蒸饭豆糯米饭（Gad nouf douf，苗族视此为上等饭，也只有过年这样的大节才做）。鸡、鸭、鱼、猪煮熟，摆放在神龛下的桌上，同时斟上三杯小酒，然后烧上香纸，给祖宗供饭。供好饭，将鸡、鸭、猪肉（鸡胸、鸭胸、鸡屁股、鸭屁股不能吃，留着第二、三天去给外公、舅爷拜年时吃）切成大片盛在碗钵，拈肉时用手抓，就着捣好的芫荽、大蒜、辣椒等吃。男人大碗喝酒，全家老少大块吃肉，一家人吃着笑着，希望来年时时这样过生活。

如今生活条件比过去优越多了，随着时代进步和卫生观念深入人心，吃年饭不拿筷子的现象已逐渐减少，基本都用筷子了。

三、除夕夜洗脚

吃好年饭后，各家各户都要把火塘里的火烧旺，用大鼎罐烧水，供全家老少洗年夜脚用。这是当地苗族一直以来就有的习俗。苗民一年到头起早摸黑、上坡下地、辛苦劳作，在一年最后这天，要好好洗去所有的困乏和疲劳，乞求风调雨顺、五谷丰登。为图吉利，洗脚前要先洗好脸，把洗脸水倒在脚盆里再洗脚，表示全身都得洗干净。洗脚时水不能超过膝盖，意思就是不管是赴宴或做事，时间把握得准、不会超时。由于晚辈出门多，洗脚时，长辈总让晚辈先洗，希望年轻人出门凭自己的努力多赚钱回家。长辈后洗，也表示凝聚全家人的福气，长辈身体越来越健康，不断添福加寿。

四、童子娃儿拜大年

大年初一清早，各家各户的男人起来，洗漱完毕后，在神龛上点烛、燃香、烧纸，让自家堂屋灯火通明，打开家门专等寨邻的童子娃儿来拜大年。

各家童子娃儿这天穿上母亲新缝制的衣裤，洗脸后出门约小伙伴们到各家各户拜年。每到一家，进入堂屋，年龄稍大的童子带头，高声喊道："Dax mox said deif liangx!"（来你家拜年呵！）大伙儿跟着起声唱：

Jiet liangx daox,	新年来，
Jiet hniut vib,	新年到，
Taod hxeix laol,	掏钱来，
At sangt xiet ,	做生意，
Mal lix ghab vangl ongd ghaot tiet ,	买屋脚良田池塘，
Jiox hsangb jius lab doud,	九千挑田一个堰灌溉，
Xiongs bat jius nangx daib,	七百多挑地连一片，
Daok at niex nof hxangd,	不做也丰收，
Ghad hnangb hliob daid liaod,	穗穗粗像黄牛尾巴，
Ghad lab hliob seid doud,	颗粒大像黄籽一样，
Nongk noux meib biel daid,	要吃用手拔，
Daok yongx lab jiol daod.	不用石碓舂。
Mox said dlas dlas xiangf xiangf!	你家荣华富贵！

唱完，主人家将已备好的硬币抛撒在堂屋内让孩子们抢（或给孩子们一把硬币），边抛撒（或递送）边说："孩子们，金子银子都来啦！你们拿去吧。"小孩子得到钱后，道声"谢谢！"就出门又到别家拜年去了。

五、大年初一忌扫地

平地营有一传说，古时候有一商人一直娶不到老婆，为讨老婆，他赚了钱后时常投放一些钱在路上让人们捡，天上王爷看在眼里，念其恩德，赐一美女为妻。之后商人生意越做越红火，成了富翁，因为顾及生意，很少对夫人嘘寒问暖，日久天长逐渐冷淡。加之夫人很少做家务，一年大年初一，商人强迫夫人起早干活，夫人不从，便遭到棍棒毒打，突然夫人缩小身体钻到扫帚里，化作流淌在地下的水消失了，商人所聚的家财也随之慢慢消失。为了不让财运借着扫帚和水跑掉，从此民间有了大年初一不扫地、不往外倒水的习俗。

六、大年初二挑新水

苗民大年初一这天不准挑水，所以除夕这天家家户户必须把水缸挑满水。到初二的凌晨，鸡叫第一遍，各家的男人便起床，拿上一炷香纸，点上火把或马灯，担着水桶赶紧到水井边去挑新水（jiet oub kib）。男人们将香插在水井边上，插香的位次，决定着来年的财运在寨邻中的排名。烧好香纸，才能舀水挑回家，水桶不能舀得太满，满了路上会洒出来，寓意"漏财"。水挑到家后，在神龛上烧炷香表示告诉祖宗新水已挑到家中。

而今，自来水已进到各家各户，"大年初二挑新水"这一习俗仪式只有上了年纪身体还健康的人还在做。

七、敬土开工做活

开工，顾名思义，就是开始干活。新年伊始，苗民干活前也有开工仪式，它不是统一时间、统一地点的节庆活动，而是传承下来的一种活动。

不同姓氏开工日子不同，和前面打扫房屋过新年选日子一样，即从除夕那天开始顺数，到哪天就从哪天开工。如张氏巳日开工，如果除夕是巳日，一般要到正月十二（巳日）才能开工。但也不排除例外，如有些家庭过年后马上就有活路做，尽管除夕不是他家开工的时间，吃好年夜饭后也可以去开工，这种情况比较少见。

平地营人很重视开工，一般还未开工的农户，是不能去干活的，尤其不能去动土、挖泥、挑粪等。开工的第一天，男人要到坡上去割三根（五根、七根不等，要单数不要双数，最少三根）芭茅草，拿回来放在家门外，第二天天还未亮，主家要在神龛上燃香烧纸，然后扛起锄头，带上香火以及前一天割来的芭茅草，到自家的田土里开工。到了自家的田土，先烧上香纸，再挖一锄头土，将芭茅草指向东方并插在锄头所挖的地上，同时口中念道："我家今天开始做活路了，希望老天保佑，风调雨顺，活路做到哪里好到哪里，愿今年五谷丰登，粮食满仓，财源滚滚。"事毕回家。待天亮，又从家中取出牛轭，将牛轭象征性地套在牛的颈子上，并对牛说："牛呵，今天我家开始干活了，开春后就要辛苦你了，希望你身强体壮，勤奋耕地，我们不会忘记你的恩德，永远感谢你！"为报答牛的辛劳，这天特意给牛喂有米、苞谷、糠和菜的饭粥，让牛吃饱喝足。

除夕夜所杀鸡、鸭内脏一律留着不吃，将内脏洗干净裹上少许盐巴晾在火炕上，全部留到开工这天来享用。这天午饭虽不比除夕年饭丰盛，但也并不逊色，族内男人互相串门喝酒、划拳打马，预祝新年五谷丰登。

20世纪60年代以前，还有"忌戊"（Jief mos）的习俗。即每一年的正月间遇到戊日的天要"忌戊"，如2019年正月初六（戊寅）、十六（戊子）、二十六（戊戌）这三天要"忌戊"。所谓"忌戊"，就是在这一天全寨的人都不允许动土，妇女也不准纺棉、刺绣等，如发现违规，要受到寨里处罚。每到这日，寨主（或安排人）必须鸣锣喊寨，一定要"忌戊"。现在已经没有这样的习俗了。

芭茅草敬上开工做活

八、正月狮灯闹元宵

狮子舞（或叫舞狮子，有些也叫耍狮子）历史悠久，东汉末年的民间就有了这个习俗。平地营苗寨正月要玩狮灯（耍狮子），据现仍健在的90多岁的老人讲，玩狮灯民国年间就已开始了。开始时只有一只狮子，是本寨刘老东（东寿）制作的狮头。20世纪50年代，随着国家安定和社会生活水平逐步提高，大家玩狮灯的兴致越发高涨。1957年农历正月，平地营筹措资金，张元福、姜世德（发当）、刘永贵（有工六）三人到镇远又购买了一只舞狮，狮头比自己制作的要大，狮身（狮衣）也比自己制作的漂亮。

其实，舞狮子是我国各地在节庆假日或是正月十五元宵那天的喜庆活动，而平地营耍狮子是在正月初三至十九这一个时段。当然，平地营正月玩的狮子灯并没有其他地方狮子舞那样能做登高、直立、腾转、踩球、踩桩等动作，但狮子的习常动作如舔毛、啃痒、蹲、卧、滚、爬等也表演得生动有趣，男女老幼百看不厌。

耍狮子有一些固定的仪式流程。一是出灯（开始那天）仪式。寨上青年人想耍狮子，要先给寨老狮灯头讲，由他请会算日子的先生，从正月初三开始选择单日，哪天吉利就在哪天出灯。出灯那天，大家敲锣打鼓舞起狮子到井边喝新年的新水。到井边，寨老先烧三炷香纸，然后放上一串爆竹，耍狮子的人将狮子头伸进井中让井水浸湿嘴角，表示狮子已喝上新水，寓意出灯后的一切活动顺顺利利。然后回寨，大家一起耍着狮子进到每家每户，家家户户必须烧香烧纸、敬酒肉迎接狮子进屋添财送喜。二是本寨出灯仪式结束后，才可以到其他寨子去耍狮子。出发前，要先发约束给对方，全寨老少爷们能去的都要去。路上，寨老提着写有"灯头"二字的灯笼走在最前头，锣鼓喧天、长号奏鸣，牌灯、花灯、故事灯、竹筒火光拥着狮子前行，遇到路边的土地菩萨庙，灯头都要烧上出门时准备的香纸，祈求土地菩萨保佑出门平安。去到对方寨子，先由对方寨老引着狮子进入每家每户（与本寨出灯时间相同），然后才到宽敞的院坝耍狮子。表演结束，两寨人共进晚餐。酒肉相劝、对歌猜拳，直至深夜，有时甚至通宵达旦。

民间认为狮子是"百兽之王"，也是吉祥灵物。因此一些有病痛的人或遇到灾难的家庭，往往主动邀请到自家门前表演耍狮子，消灾避难；有的还请狮子用嘴嗑一下自己的孩子，这样邪气就不再缠身。笔者年轻在家时曾经亲身经历过这样一件事。有一年正月十九本寨狮子灯要到隔河名叫"刚良"的寨子去耍狮子，笔者罗汉装束，手持红绸（宝）球，在对方寨子寨老带领下引狮子进入每户恭贺，其中一家以酒肉款待之后，两个身强力壮的男人把罗汉装扮的我紧紧抱住，另有一人将我手中的红宝球抢走后，抱我的那两人才松手。我一时唐突，脱掉罗汉面具便大声喊："我手中的红宝球被人抢走了！"大家都笑着看我，本寨狮灯头急忙过来询问原因，对方一老人走到狮灯头跟前说："该户媳妇进门已六七年，至今一直还没有添丁进口，想借你们的红宝球存放，来年如能如愿，再去你们寨上感谢。"本寨狮灯头即说："原来如此，你去拿红宝球来，我会处理。"红宝球拿来，狮灯头将红宝球撕一小幅红绸布条，递给主人家，并说："预祝主人家来年得子！"那家主人言谢不尽。事有凑巧，据说这户人家媳妇第二年确实生了个男娃娃。

在施洞附近耍狮子的苗寨，除平地营等两三个寨子有两只狮子外，其余寨子只有一只。有两只狮子的苗寨，根据民间传说狮子分为"文狮"和"武狮"。顾名思义，"文狮"乖巧、温驯、安祥，而"武狮"粗犷、莽撞、凶猛。平地营的"文狮"是从市场上购得。狮头用篾竹片、细铁丝、构皮纸等细扎糊裱，外壳用金粉和不同颜色涂料染制而成，非常光亮；额头挂有铜铃，双眼灵动，特别在其内侧装上电池、安上灯泡开关，眼睛闪闪发光，圈发黢黑发红，活灵活现、栩栩如生，与活狮子相差无几。狮身白布为里、红绸在外，红绸上缝有黄、蓝、绿、青等颜色的绸条，每根绸条下系着一颗小小的铜铃，狮子颈部沿狮背中间固定有一根淡黄色的绸子直至尾巴，狮身外穿白色渔网式披衣。"文狮"舞动时，在竹筒灯火的映照下，狮子闪闪发光，铜铃发出清脆的声音，委婉动听。"武狮"外形和"文狮"相像，只是头略小一点，狮身也没有"文狮"那样华丽美观，毕竟是自制而成，工艺是要差些。

为丰富耍狮子的表演内容，从出灯之日起，全寨男女老幼每天都忙于耍狮子的准备工作。中老年男人做牌灯，扎鱼、虾等故事灯；青年小伙子学狮子表演，练拳、刀、枪、棍等；妇女、姑娘则扎花、剪纸花、贴花纸等。

每到一处，在铿锵有力的锣鼓声中，罗汉手持红宝球手舞足蹈地挑逗，文武二狮纷纷昂头开始活动身姿，频频向观众致意。扮演两只小猴子的两个童子更是活蹦欢跳，一会儿一个小猴跳到罗汉身上抱其腰身，爬到肩上捶打罗汉的脑袋，罗汉一手拿红宝球，另一只扇扇子的手不断拍扇打着小猴；一会儿两只小猴又到罗汉跟前，趁罗汉不注意一个抱腰、一个抱腿，将罗汉按倒在地抓痒；狮子卧地无精打采地舔毛、打瞌睡时，小猴子又骑到狮子的背上动作麻利地抓狮子身上的"虱子"吃、捏狮子的尾巴等，把狮子吵醒。罗汉见两只狮子醒来，又用自己手中的红宝球引诱狮子整齐蹲地，将红宝球从这边抛向另一边时，两只狮子齐刷刷地翻了个滚又开始舞起来。看到这里，观众不由自主地喝起彩、鼓起掌。待将四方桌一张张往上摞放时（一般三张，最高五张），文狮知趣地靠边卧地休息，武狮为显威风，则越舞越带劲。

整个耍狮灯活动期间，最热闹的还是正月十五闹元宵那天晚上。施洞附近所有狮灯、龙灯全部云集施洞赶场的河沙坝，人山人海，锣鼓喧天，号声此起彼伏、不断回荡。

遗憾的是，"文革"期间，平地营的两只狮子被焚毁。十一届三中全会后，平地营苗寨的张元福、刘跃明等人又再次编扎了狮子。随着时代的发展、社会的进步，加上多年来农村剩余劳动力纷纷外出打工，在家青年人少，大家玩狮子灯的兴致渐渐淡了。即使有一两个寨子玩，也没有过去的那种氛围了。

第二节　婚俗

婚姻含娶进和嫁出两个方面，但清水江沿河两岸苗族婚姻内容和形式纷繁。

娶，接进来。这里有两种方式：一是老人定亲（含媒妁成亲），二是青年男女自由恋爱成亲。

老人定亲，指的是家中亲戚之间的婚姻。双方父母认为男女年龄、品貌般配，男方父母主动先对女方父母提出（还有"指腹为婚"的情况，通常是舅母与姑妈同时怀孕，双方父母有言在先，以后她们的小孩，如果是异性，两家即成为亲家，亲上加亲），或者请媒人说亲，女方无异议；或者经人介绍的，对方没异议也可订婚。可以通过调钱换糖（Tiod dangx，也叫Tiod hseix）仪式确定婚事。调钱换糖地点可以在双方家庭距离中点路上，或者直接到女方家，时间由双方择吉日。不管哪种形式，双方都要封喜糖，备一元二角的硬币，互相交换回来后分给家族每户一点，表示这门亲事已经订下并向大家报喜。如今，取而代之的是男方家抬猪、提酒，买水果、糖果到女方家，宴请女方家寨上男女老幼一餐，让众人知晓两家已确定了亲事。当然，这仍属老人定亲，一旦亲事确定后，男方又择吉日（一般在农历九月、十月），征求女方家意见，选定接亲日子。接亲这天，男方家在族内或寨邻找两个能唱会说且有儿有女的中年男人，提一封喜糖、一只大青鸭、一把纸伞（或布钩伞）到女方家去接亲。女方家备有酒席，喊其族内亲属来陪，席中两个接亲人先唱。

Eeb sas diiat leit mox said laol,	酸汤讨到你家来，
Bieb dax dliat mox said hfangx lil；	我们请你家包涵；
Dab dial at gheeb vas tongb vangl,	男娃勤劳寨有名，
Dliab lul dliab vangt gied mief biel；	尊老爱幼他在行；
Dab aid dees nex sangs deix laol,	姑娘与他前世缘，
Said nad xut peit sal vut jiul.	婚姻般配定幸福。

然后女方家回唱，如果女方是独生姑娘，歌词更让人感动。

But yas lex vib meil,	别人养一群，
Dleis yas niux jius dal,	我（老）养她一人，
Liut lab niex jius liangl,	像银宝一个，
Nuos kheit wal xieb jiul,	要嫁舍不得，
Daos kheit wal xieb lul.	不嫁怕她老。
Diaos jiaox mol niof mol,	该嫁还得嫁，
Daot diaos nex khab wul,	不是她犁田，
Daot diaos nex yas nail,	不是她养老，
Liaos liangx xinb dal dlaol,	推姑娘出门，
Dous nax hseb dal niul,	跟不熟外人，
Diox taob taob laolmol,	慢慢地走去，
Bax oub mas huol huol	眼泪往下掉。
……	……

喝酒唱歌至天黑，女方家才将姑娘的嫁妆提送给接亲的两个男人，一并送姑娘出门。挑嫁妆（扁担一头是大竹篮子，装的银首饰及最时髦的三五件衣服；另一头挂一条家机布裙子和两双未穿过的新绣花绒鞋）的男人特别注意，回来路上不能因跌倒而丢落嫁妆在地上，否则不吉利，因此喝酒时不能喝醉，必须保持清醒。这是过去接亲的传统模式。而今，苗族人家也像汉族那样，男方家请七八辆小车，并请花店巧工给每辆车打扮一番，大红"囍"字贴在车门，第一辆婚车驾驶室挡风玻璃前还紧粘一对新郎新娘结婚相片，新郎捧着一束鲜花坐在前车驾驶室，带着后面的接亲车队到女方家去接亲。

青年人自由恋爱成亲，指青年男女双方经过长期游方（Yox fangb）① 互相产生爱慕之情，双方自定的婚姻。双方感情达到一定程度，这时男方主动对其父母说，父母觉得两家门当户对表示同意，即请人择良辰吉日，到吉日那天晚上，男方邀请一两个小伙到女方寨上与女方游方至深夜，悄悄将姑娘带回家中。第二天，仍同老人定亲一样，找两个能说会道的男人去女方家，说明姑娘已跑嫁，请女方父母谅解，并讨其父母送姑娘的嫁妆挑过去。女方家父母如同意就以酒肉款待，并送姑娘的嫁妆挑回来；如不同意，男方所找的两个男人即成为说客，一次、二次、三次，直至让对方同意为止（当然也有不同意的，这样青年男女只好分道扬镳）。

不管是老人接亲还是青年人自带姑娘来，在接女方快至男方家时，两个接亲男人（或悄悄带姑娘的青年后生）都会引吭高歌，通知男方主人和寨邻，歌词大意是：睡着了没有？老的和少的，睡着快点起，我们已带新娘来，快来接新娘。男方家主人事先就知道，听到歌声，立马在大门口放鞭炮，寨人纷纷起来，女人及小孩出门去迎接新娘。新娘来到男方家大门口，屋内灯火通明，神龛香火缭绕。男方家母亲（或叔伯妈）早已等候在大门内，对着新娘大声说："今天是良辰吉日，我家新媳妇来，你先迈左脚进屋，添子在前头，再迈右脚拢，姑娘跟在后，我仔与你俩子子孙孙，人丁兴旺，

---

① 黔东南苗族青年谈情择偶的民俗活动。

荣华富贵。"姑娘随即应一声"谢谢，姑妈"（如历来没有亲戚关系，一般称"姑妈"，相应地，称男方父亲为"姑爹"）抬脚进屋。当晚，男方家杀一只大青鸭、煮猪肉，请家族及寨邻喝酒，大家唱歌、猜拳至深夜，有时甚至通宵达旦。从当日晚起，男方家妹或堂妹们要一直陪着新娘。整个结婚喜酒期间（一般五天，三天、七天不等，最长不超过十一天），新郎还不能与新娘同居，婚后新娘还要先到娘家居住，到第二年喊新娘回来时才能同居，这就是苗族"不坐夫家"的习俗。苗族除结婚喜酒外还要喊三次请新娘回男方家，首次在农历五月挑粽粑时，后两次分别在重阳节或冬、腊月挑糍粑，直至新娘怀孕才到男方家长住。

姑娘到男方家第二天，由男方寨上姑娘们陪着穿戴嫁妆的新娘去井边挑新水（如果是青年恋爱成亲的，第一天还未挑得新娘的嫁妆来，挑新水时间就往后推迟），并指定一有儿有女的中年妇女陪同。到井边，中年妇女根据结婚喜酒的天数就舀几瓢水到新娘的桶里，边舀边说："一瓢舀金，二瓢舀银，三瓢舀子孙，四瓢舀风调雨顺，五瓢舀五谷丰登，子子孙孙，荣华富贵。"事毕，新娘挑着新水和大家一起回家。从挑新水那天开始，由寨上姑娘们陪新娘吃串寨饭（Douk niangb nex gad，也叫"跟新媳妇吃饭"），族内每户一桌，寨邻三五户一桌。新娘每到一家，不管吃与不吃，都要端起碗、拿起筷子，意思一下。这样做的目的是让新媳妇尽快地熟悉家族中各户和寨邻（如果结婚喜酒时间稍长，"吃串寨饭"要连续几天）。

吃喜酒一般安排在新娘回门的头一两天。那天男方家每路亲戚都挑着一篮糯米饭、一缸酒（一般15斤）、一只鸡或鸭赶来，这些亲戚到主家大门口放鞭炮表示祝贺。主家这天杀猪、杀鱼、宰鸡、宰鸭等，在宽敞的院坝设长桌酒席，宴请亲朋好友和本寨男女老幼。吃喜酒时，主家要找两个人，负责收礼记账。一般来说，男宾客送钱，除送钱外，还有的亲戚，如姑爹、舅爷还送银元，个数不等。为活跃气氛，送银元的人将银元放在酒碗里，并开玩笑说："我今天也做不起面子，只是在这块水田里放有几个小鱼和虾子，你们二位放干田后就捉去吧！"收礼的人不得不把那碗酒喝干，还要谢谢这位客人为主家添喜送财。妇女不送钱，而是送自织自染的青布和大小文斗布，多的送 1 丈 2 尺，少的送 6 尺，也有送 2 尺的。未出嫁的姑娘只吃喜酒，不送礼。吃好喜酒后，主家还要送女性亲属（不论长幼）2 两左右煮熟的猪肉片。

酒席当晚，主家在堂屋还要摆长桌席，请所有客人入席就坐，寨上邻里喝酒唱歌陪客。酒喝到一定程度，寨人纷纷拉客到自家休息（寨人拉不完客，则由家族拉，主家一般不留客，主家如果还有客，说明主家平时为人有点差）。

第二天早上，每户都要杀鸡宰鸭招待所拉来的客人。这叫吃"小早饭"（Gad dat yout，过去曾有两三天的"小早饭"，现在只有一天）。虽说是小早饭，但每家都要让所来的客人酒足饭饱。吃小早饭时，新郎的父母户户必到，感谢每户盛情款待客人。同时还在头天酒席的地方摆上长桌宴，长桌上放有未煮熟的猪头（衔着猪尾巴，表示整头猪）和煮熟的鸡鸭若干，在猪头和鸡鸭身上插着较多的红、绿、黄小三角旗，猪头上还放有两根已弹好未纺的棉花和麻线，待各户主人和客人吃好小早饭后，又请到这里来吃"大早饭"（Gad dat dliob）或"扫堂"（Saox tangf）。主客坐定，新郎家将头天客方挑来的所有篮子里的糯米饭舀上一半来分给大家都尝一点，意思是，吃了客人这糯米饭和新郎家这餐"扫堂"酒后，这次喜酒就算圆满结束。这时酒席总管将猪头上的两根棉花及麻线递给新郎家舅爷（从新郎的舅爷算起，有父亲的舅爷，有公公的舅爷，有几辈舅爷就准备几个猪头），舅爷将这两根棉花转给自己带来的两个会唱歌的人（不论男女），歌手开始唱《赞猪头歌》，贺新郎家喜事（Hxangx hed bat）。赞歌结束，新郎寨上部分男女纷纷扮演小丑绕长桌酒席，有意出洋相轮番向客人敬酒，现在还故意向客人讨钱。如果新郎寨上女人们感觉新郎家某个亲戚比较富裕，就有意组织一伙女人去抬他（她），既敬酒又让其亮相，意思是贵客应受到敬重。这位贵客被抬之后，自然掏钱给这伙女人，钱数从几十元到上百元不等（一般这种情况舅爷、姑爹是逃不脱的）。新郎寨上的女人得到这个钱后，全寨打平伙。待有几分醉意，新郎寨上各户女人挑来糖果送客人，每个客人都有一份，准备送客出门。

送客出门时，主家在路上设有两三道关卡，每位客人必须喝上一牛角酒（起码二两以上），并用红、绿颜料在客人脸或脑门上点个印，才算通过。主客唱唱跳跳一直把客人送出寨口，双方才各自回家。

"扫堂酒"的第二天新郎家要送新娘回门。回门时，新娘要留自己的一两件嫁妆在新郎家，表示新娘一心一意，喜酒过后一定回来。新郎家如果富裕，在装新娘嫁妆衣物的篮子底放一两件银首饰，如手镯、银钗、发簪或上千元的礼钱。另外，有吃喜酒时妇女所送的青布、大小文斗布，还有用箩筐挑的米和糖果等，箩筐里面放有酒、叶子烟、盐巴、茶叶、红纸包的一小捆柴（或一节木炭，表示帮女方家添财），还送一只大青鸭、两头大肥猪（过去只抬半边猪肉）。同时，男方家还要煮几大箩筐糯米饭，供新娘方的姑娘伙伴们来半路接新娘食用，所来的姑娘每人还会得到一片2两左右煮熟的猪肉（现在大多准备的是水果）。

嫁，送出去。相对娶，嫁的形式较简单。属于老人定亲的，女方出门时，本寨的姑娘伙伴们要送到半路，至男方寨上姑娘们接到后，双方才各自回家。在女方回门时，女方寨上姑娘伙伴们也要到半路去接。到家时，女方家适当退一点男方家所送的东西，如土布、米、酒、糖果等，猪赶来两头，留一头稍大的，小的一头退回男方家（如果是半边猪肉，适当砍几斤退回男方家）。女方家将就男方家送的猪杀来办酒席，但只请自家女客和寨邻的妇女、姑娘们，也有家族男人帮忙参与（这是过去，现在亲戚不论男女，整个寨子男女老幼都会参与）。女方家办酒收礼，男的仍然送钱，妇女也仍送家机土布。在吃回门酒席前，母亲要先夹一片鸭肉给出嫁回门的姑娘吃，并让她喝一小口冷水，才允许姑娘进出别家。

退亲，指调钱换糖后还未结婚吃喜酒前，年轻人中某一方觉得对方不如意，即由年轻人买一封糖到对方家去，将糖放在对方家里，向对方的父母说："两位老人，你家孩子（姑娘）和我这门亲事到今天算是了结了，从今以后黄牛上岸，水牛下河，互不牵扯。"碍于面子，双方大人也不好再说其他，这门亲事算是黄了。这种退亲叫"退糖"（Diangd dangx）。

离婚，指男女双方结婚办喜酒之后，某一方觉得对方不合意，提出离婚。属于老人定亲的，要经过双方族长、寨老、调解员来协调解决。正常情况下，调解时劝和为好，但劝而不和，哪方提出离婚就由哪方补偿对方。如果是女方提出的，男方一般则要求补偿结婚喜酒的费用；如果是男方提出的，女方也许不要补偿（或要精神损失补偿），至于补偿多少由双方调解商量。属于青年人自由恋爱成婚的，一是男女双方三言两语自行解决。二是确定时间、地点划竹筒（Pat diongx dlaod），也就是二人确定离婚后，通过划竹筒仪式各持一半。划竹筒的男（女）说："今天我们已经划竹筒，竹筒复原我们复原，竹筒不复原我俩各走各。"三是如果某一方还需要对方补偿，和大人定亲一样，需经双方大人调解。不管哪种情况，如果解决不下，最后只能到法院审理解决。

再婚，指男女双方有一方或双方离异（或丧偶）后的重新结婚。再婚没有结婚那样复杂，但仍需要两个人去接（男女均可），接到男方家后，男方家族吃一餐饭即可，不举办其他仪式。[1]

第三节　丧俗

老人临终前，家人尽量到齐，服侍左右，将他（她）扶到堂屋躺在椅子上，或扶坐在凳子上，等候落气。如果老人死在床上，他（她）升到天庭，也还背着这张床与人踩鼓跳舞，要遭到谩骂，其他人会说他（她）与众不同，不让他（她）参加活动。老人落气时，眼睛如果还睁着，说明还牵挂阳间事，家人要用手使死者闭上眼睛，让老人安息，安安心心、无牵无挂地去阴间，并要焚香烧纸，送老人离开阳间。家人还要在大门口燃放一串鞭炮，

---

[1]　参见《施秉文史》2019年第一期。

鞭炮声加上家人痛失亲人的哭声，也是向邻里和寨人发出的讣告，人们听到鞭炮声和哭声，便会纷纷赶来帮忙。趁死者尸体还未僵硬，家人和族内的人（主要是死者的儿子、儿媳等）要到井里打来新水，给死者洗脸擦身；如果死者一颗牙齿都还未脱落的，族内一老人还要用柴刀或用其他工具敲落一两颗（表示死者已老，牙齿脱落了）。据说这样做，子孙才能承袭其寿元[①]，在世时有吃有穿，可享荣华富贵。男尸要剃头，女尸要给梳理发髻（打发髻的方向与活着时相反），换穿寿衣（女的一般都是她年轻时自己所绣最好的衣服）、寿裤、寿鞋，女性死者还要穿上寿裙（年轻时所穿的裙子），同时让死者手上捏起寿帕（男左女右，如果没有寿帕即用纸钱替代）。并在堂屋内至大门口靠边的一方摆放四五块木板（寿命七八十岁以上的老人停放堂屋正中），铺上子女们早已准备好的兜单寿布，按子女排行顺序，幼子送的兜单贴近死者身体，长子送的放在最底层。然后将穿上寿衣、寿裤的老人尸体、头垫纸钱朝神龛、脚朝门口放在盖有兜单的木板上，并用纸钱掩其脸部，将寿被盖在身上。脚下置有一升谷子或米（方便插香），再放一碗菜油，内放灯草，点亮灯草，让死者见亮上路。

死者如果是死在晚上的男性或死在白天的女性，孝家还要砍来一根长长的竹竿，竹竿顶端系一根拖到地上的白纸带，用竹竿戳通屋檐两三片瓦。以示打开天门，引死者上天堂。

孝家自老人落气后，孝子头上要捆麻，表示孝道和尊重老人，直至将死者安葬完毕后才能解开。孝子服孝期间，不能随意串门，只能在族内叔伯家活动，否则要给别人家放炮挂红。

孝家请家族内和寨邻几个比较有威望的人商量安葬老人事宜。一般选既有威望又善理事且懂丧葬习俗的人来负责主持，这样的人也叫总管。这个总管首先安排人去请师傅看埋葬时间（Ghangt hxieb），一是看尸体何时入棺，二是看何时抬灵柩上山安葬。师傅必须根据死者的生辰和落气的时辰来推

---

① 寿元，即寿命。

算，才能确定入棺和安葬时间。正是这样，有些老人当天落气就当天安埋，有些一直停放四五天甚至一个星期才能安葬。如果安葬的时间更长，可请师傅安排近日内暂时安葬，但安葬时要划有一根竹篾条穿于棺木的井底部，到真正安葬的那天将那根篾条扯出来再垒坟。这种情况少有，一般在死者死后的第二、三天安葬。时间确定后，总管再安排人分赴孝家通知各路亲戚。这个去报丧的人，到亲戚家转达方式也很讲究，一般不能讲"死"，根据客方对死者的称呼，只能这样说："你家××（死者）于××已经升天（Khaod wangx），确定××（安葬时间）送他（她）上路，孝家托我来通知你们，安排时间前去道别。"但现在通信工具方便，一般都是手机电话联系。时间允许的话，客方可先到孝家看望，给死者焚香烧纸，并送死者升天上路买水钱（剪一小点银片用布包好放在死者身上），到要安葬那天再提礼物到孝家；时间不允许的话，安葬时一并提着礼物到孝家送死者上山。

总管根据入棺时间，找几个身强力壮的男人将棺木搬放堂屋正中，将棺内擦干净，连同兜单寿布、盖被和尸体一起抬放棺内，让死者头、身、手、脚自然平躺放好。亲属、友人与死者做最后告别后，才能盖棺。同时，帮忙的人一起将棺木抬出堂屋放在大门外的两根长条凳上，棺脚摆放挂丧棍（死者有几个子孙就有几根挂丧棍，现在也包括女婿和外孙的），插香的米升子和菜油灯碗也放置于此。

出殡那天，孝家每位亲戚都喊自己家族男女一起来奔丧，陪同前来的家户会送一升米、三五十元不等的香纸钱，亲戚家挑有一只鸭（或鸡）、三升米（15斤）、一缸酒（或15斤米）到孝家，女婿还要抬一头大肥猪。亲戚根据自身情况，家庭宽裕的还要送礼钱，少的几十元，多的几百上千元。

出殡前，灵柩棺盖上放一碗炭灰，棺旁吊放一只大红公鸡。一位老人在灵柩一侧，他手持一把柴刀，口念咒语，意为送老人升天，扫除升天路上的一切障碍，随他大喊一声"出发"，同时用柴刀猛砸棺盖上的炭灰碗，炭灰、碗碎片四散飞溢，抬灵柩的人整齐用力抽杠到肩上路。

出殡时，孝子孝孙挂着丧棍走在抬丧人的前面，按长幼顺序排列，长子走在最前头，背着一根细棒，棒上吊有一小三角布袋米。

过去抬丧，还存在主客双方各抬一头相互挑逗和戏弄，有时弄巧成拙，伤害对方的情况。如果死者是七八十岁以上的老人，孝家亲戚广，子孙也多，且家境宽裕，为使安葬回来主客双方气氛活跃一些，总管有意在抬丧前，找到孝家舅爷或其他亲戚商量抬丧时主客各抬一头。如果客方也是活跃且又齐心的性情中人，会马上邀请孝家的亲戚商量抬丧事宜。在抬丧时，按习惯客方四个身强力壮的男人抬前头，其余亲戚护在两根抬杠左右，而孝家寨上的人抬后头。路上，抬后头的尽量往前冲，抬前头的就是使劲不走，有时还往后退。不管怎样，灵柩绝对不能搁放地上，只是往前的速度太慢，这时只有孝家子孙拄着丧棍在前面跪在地上求情，灵柩才慢慢往前移动。现在是主客一起（或全为孝家寨人）抬，四人前、四人后，其余的护在左右并拉布绳（两根自织染好蓝靛的青土布布绳，长四五丈，宽一尺二寸）。

抬丧出门时，孝家以一升米、一元二角（现在多为十二元）请一老人，收拾死者床上垫用的稻草、穿过的旧衣物等，挑到寨上路口处烧毁。

抬丧到达葬地，由孝家请的巫师，手上拿着三把芭茅草下到井①里说："活的全部都出去，这是老人的，他（她）自己来占用。"巫师手持芭茅草往周围一扫就上到井边，向井内抛洒三把米，边洒边说："金子银子都来了，老人家，你享不完、用不尽。"然后放那只大红公鸡下到井里啄米，放一串鞭炮，那只大公鸡被鞭炮声吓后跳出井后，大家才把灵柩放入井里，定好方位。这时，巫师拿起锄头踩在棺盖上，用锄头往棺头一敲，说："这是你家的后门。"往中间一敲，说："这是你家的中门。"往棺脚一敲，说："这是你家的大门。"同时，将大孝子背的那小三角布袋米放靠棺木旁，并说："这是你老人家的粮仓。"巫师走到井边，用手分别对孝家的孝子孝孙捧上三捧泥土，孝子孝孙将泥土抛洒在棺盖上，边抛边哭喊死者三声，大家才锄土盖棺垒坟。

---

① 这里指墓坑。

有些死者落气时辰不太吉利，请师傅看安葬时间，师傅说，还要有一个陪他（她）一起葬。这时即用杉木皮做成小纸盒似的假棺木，内放一个鸡蛋（代表陪葬者），还捆二三尺许的小木棒（表示抬丧杠），有两人手持着这个假棺木悄悄跟在后，在大伙开始锄土盖棺时，这二人却大声喊："稍等一下，这里还有一个。"大伙稍等片刻，这二人将假棺木放到真棺旁，大家才真正锄土盖棺垒坟。

安葬回来，总管安排两人煮好三条小鲤鱼、备好酒饭等，再做一只比较粗糙的弓箭，去坟边喊"魂"。这两人喊"魂"回来，到孝家大门口，大门虚掩，其中一人喊："开门啊，老人回来啦！"屋内人边开门边答应："老人家，这里有板凳，板凳前放有脸盆和脚盆，旁边有你的鞋子，你洗好脸洗好脚自己休息，明天我们再请你上神龛。"

安葬那天摆长桌酒席（现已是八人或十人一桌）吃酒，桌上只有煮熟切好的猪肉、一盆稀粥和一碗干辣面，不准吃菜。这天的酒不像其他酒席那样会劝酒，吃饱喝足后各自回家，孝家也不留客过夜。客方挑来的米、酒象征性退一点，鸡、鸭不退，孝家只是砍一块一两斤重的猪肉送客回家，要砍带有尾巴的猪腿送孝家舅爷，舅爷回家时，要将那提猪腿的猪尾巴割下来留放在孝家，表示姑舅今后还长时间来往。如果舅爷不留猪尾巴，孝家就知道舅爷有意见了，这门姑舅亲戚关系就此了结，以后不来往了。

安葬的第二天复山。这天孝家亲戚都将糯米饭蒸好装在小木盆里，并放一只煮熟的鸡或鸭或一块猪肉在糯米饭上，又提到孝家（俗称"包早饭"，Khaid gad dat，孝家房族每户的姑妈同样"包早饭"到娘家）。待孝家亲戚全部到齐，孝家在堂屋正中摆上长桌，桌上近神龛处放置孝家一大盆糯米饭，糯米饭上同样放有煮熟的鸡、鸭或猪肉，舅爷准备的糯米饭要靠近孝家的糯米饭摆放，其余依亲戚关系按序摆放。神龛下坐着舅爷和孝家房族长者，孝家请的两位歌师紧随一边，其余人随意坐在长桌的两边。主客到齐，歌师开始唱招魂歌（Dlaod xil），赞颂死者活着时养儿育女的辛劳与处世的善良。歌词大意是：活时辛劳苦，积善有功德。今天已去世，怀念还忧愁。子孙请你魂，上到神龛来。与祖宗为伍，开始做神灵……

歌毕，孝家在神龛焚香，到大门口放串鞭炮，主客一起到宽敞院坝吃糯米饭喝酒，丧事算是结束。

一般来说，主家家境一直不昌盛或家中有人时常病痛，主家就会拿香纸、米去算卦，看是否是坟地造成的。如果是，迁坟时，主家只邀请宾客参加，客方先到坟上，燃上香纸先挖坟三锄。此时主家人离坟不远，大声问道："是谁挖我家的祖坟？"客方答："啊，是我，××住在这里不太适宜，我们把他（她）移到昌盛的地方去。"然后大家才一起挖坟，如果埋葬时间不久，棺木也还完好，就将此棺抬到新移的地方即可；如果棺木已朽但坟坑里尸身还未腐为尸骨，由主家最亲的子孙先捡尸骨，之后大家才一起捡，捡好的尸骨用白布包好，放到新坟的简易棺内再重新摆放好，由一老人用刺扎一下最亲的子孙的手，血沾在尸骨上才能盖棺、埋坟。

第四节　扫寨

扫寨，也叫洗寨（Sad vangl）。扫寨传统的含义有两个：一是灭旧火换新火（传说旧火用久了易误事，换上新火就安全）；二是使"火灾鬼"远离寨子，避免发生火灾。平地营苗寨扫寨主要是取第二种含义。寨子一旦发生了火灾，一般在三五天之内要扫寨。扫寨之前先由寨老商定日子，有鬼师的寨子就请本寨鬼师，没有鬼师的寨子就到外寨请。扫寨祭牲要用一只青头鸭（必不可少）、一只公鸡或黄牛（或大肥猪，扫完寨后供寨人在野外打牙祭），全寨男性（至少每户一人）参加。扫寨当天，每家每户大门敞开、箱柜打开、所有坛坛罐罐也要揭开，且在大门口用桌子摆放一碗米、一碗酒、一碗水、三炷香纸、12元钱（过去只是1元2角），这些米、酒给扫完寨后所有参加的人打牙祭，钱一半给鬼师、一半用来支付寨上购扫寨祭牲及其他物品的费用，不足的由每户再凑或失火家凑足。扫寨先从失火家开始，鬼师画有三五张"勒令天宅地火一切归天"字样咒符，分别贴在失火的房屋、猪圈、牛圈等处。

"勒令天灾地火一切归天"咒符

扫寨时，一人牵着青鸭走在前头，一人提着稻草龙（用稻草编的龙，龙身插满鬼师用白纸剪的各种鬼形），另一人拿把木铲跟在后，鬼师和挑箩筐、挑酒坛子及收钱的人殿后。每到一户，主家点燃香纸，牵青鸭的人、鬼师、提稻草龙及拿木铲的人必须进家，进到屋里，鬼师不断抛扬手中的芭茅草，另一只手往地下抛甩木卦，口中念道：

Nangx dongb at beid,	芭茅草做公，
Nangx tangd at mief,	茅草做母，
Dliangb dax aob pit lingd,	鬼来两边开（指木卦），
Dliangb mol aob pit mos.	鬼转两边盖。

木卦要两瓣盖上为好，表示火灾鬼已走。不能两瓣木卦半开半盖或两瓣都开，要抛甩到适宜为止。

鬼师口念咒语，一手挥着芭茅草，另一手在屋内每个角落撒上事先备好的黄豆和钢砂（表示清扫"火灾鬼"出门）。这时挑箩筐的人把放在门口的米碗中的米撒几粒在地上（表示引火灾鬼出门上路），剩余的倒进箩筐，同样挑酒坛子的人把酒洒几滴在地上（表示敬火灾鬼），余下的倒进酒坛子，收钱的人把主家给的钱收进荷包（记上每家所收的钱），拿木铲的人用木铲在火炕撮点灰倒在草龙上（表示火已过），鬼师顺便把那一碗水倒在这家的火炕上（表示已扑灭火灾），并将这个碗翻扣在大门外，算是扫完这一家。寨子每户都这样进行一遍。

扫完全寨后，一行人把火灾鬼送到寨下河沟处。送火灾鬼时，鬼师手中仍然挥着芭茅草，另一只手仍在不停撒着黄豆和钢砂。这时，拉抬祭牲（黄牛或大肥猪）的人也到这里，鬼师念几句送终词，这些人即将祭牲宰杀。洗好架锅把祭牲煮熟，砍（切）好分别放在碗里，再由鬼师最后念词送鬼。

Jiox yous dad dul,	九个大男人拿柴火，
Jiox wiex dad shaot,	九个婆娘拿松树油，
Dleil fangb vangs noux,	进寨找吃，
Dleil vangl vangs hous,	进寨找喝，
Nex saix sut dul.	他家失火。
Xiangf nuod nex said diol diol bins daot,	现在他家样样备齐，
Hxinb diol liax hsad,	汉族升子印米，
Daod diol liax liax,	汉族的斗印量，
Diol diol bins daot,	样样都备得，
Diol diol bins bas.	样样也备完。
Bins daot manb bangf,	备得你们的，
Yix max jiox bins,	已有九份，
Max dout fux bab bab,	有豆腐粑粑，
Sul daob touf duix kangb,	和猪肉家禽，
Gas naox houd shad fangb.	青鸭来扫寨。
Manx niangb nanl hab hab,	你们在南方，

Daot dul mol liul jinb,	得柴去捣金，
Manx niangb nanl hab hax,	你们在南方，
Daot dul mol liul niex,	得柴去捣银，
Ngaib manx ghux noux,	喊你们就吃，
Ngaib manx ghux hous,	喊你们就喝，
Noux jiangx ghux shenl,	吃好就走，
Hous jiangxghux hsongt.	喝好就送。

念毕，斟酒，把每样祭品掐一点酒在地上，然后所有参加的人共食。吃的时候，不许说话，酒肉各取所需，吃完为好；除炊具外，吃不完的全部扫到河沟让其顺水流走（表示火灾鬼不再回来）。之后，方能回家。

苗族扫寨是一种集体盟约防火保寨的活动，是苗族习惯法在防火安全方面的运用。在平地营苗寨，只要发生火灾，就必须进行这项活动。为增强防火意识，有些苗寨每年冬季都要举行一次扫寨活动。

第五节　立房上梁

清水江沿岸的苗族村寨起房造屋，是主人供给餐食，由邻里、寨人大家互相帮忙建成的。平地营苗寨也不例外，从砍运木料做屋架、解枋子以及起房盖瓦等，前来帮忙的人以前不收取主人家的工钱，这是长期以来自然形成的民俗风气。建造房屋的木料主要是杉树、松树、柏树等，受地方木料所限，平地营建造房屋一般只用松树。建造过程主要有砍柱头、发墨、立房、上梁四个大环节。

砍柱头，特别是中柱，主家选定吉日，煮上饭和三条鲤鱼，泡上三杯茶，带上香纸和酒以及三根麻线、三根弹好未纺的棉花等，请族内或寨邻有福分的人（已婚，夫妻双方都健在，有儿有女，且在寨上德高望重的男人）一起到坡上，在早已相中作为中柱的树木根脚，由有福人摆上所带去的祭品，并用麻线、棉花捆在树上，在树根脚烧上香纸，口中说着吉利话，倒酒、倒茶淋在树上，掐鱼掐饭丢在地上，然后用斧头先砍树三下，再由主家来砍这根中柱。砍好中柱后，其余柱头就可以随意砍了。

柱头都砍好并请人抬到家后，又要测吉日请木匠师傅到家来发墨。发墨前，主家先让木匠师傅丈量宅基地，同时还为木匠师傅准备好发墨时的墨汁、墨线、发墨仪式上用的大红公鸡等。到发墨这天，主家在宅基地烧香烧纸，木匠师傅将那根中柱刨好，根据尺寸弹好中柱墨线，并标明中柱高度、穿枋眼、楼枕眼等。又把主家已备好的一根与中柱一样长的竹竿削去半边，留半边比着画好墨线的中柱，在竹竿上刻标每根柱头的高度、穿枋眼、楼枕眼等，这根半边竹竿就是木匠师傅修木房框架的尺子了。事毕，木匠师傅说上一些吉利话，手操着刀将主家准备的那只大红公鸡宰了，并把鸡血淋在中柱上和宅基地四周。发墨后，主家可请邻里、寨上懂木工的人帮忙，协助木匠师傅一起修造木房框架。

木匠师傅将柱头的穿枋眼、楼枕眼，以及柱栝等整个房子的框架做好后，主家就要测吉日立房。立房的前一天，木匠师傅在主家及寨人的协助下固定房屋框架位置。立房这天大清早，主家要请巫师来敬宅基地（意思是请神灵保佑立房安全，建房后家中昌盛）。同时由族内一人喊全寨成年男子到主家帮忙立房子，帮忙的人到主家宅基地，每人先吃一坨糯米饭，待巫师做完仪式，在木匠师傅的指挥下，大家帮忙立房。房子立好后，巫师站在中堂，手提着主家准备好的一只大白公鸡，先面朝神龛方向，后面朝大门，同时口中念吉语，然后把那只大白公鸡宰杀掉，将鸡血淋在中柱及每根柱头和地脚枋等处，并砍那只鸡左翅膀夹在挂白吊纸的树权上，后一并将这根树权绑在堂屋外柱的穿枋上，立房仪式即告结束。这天，主家请一会写对联的先生书写对联张贴在各柱头上。立房这天主家还要办酒席，邀请亲朋好友与寨邻共同热闹。

立房之前，主家事先通知舅爷，请舅爷（或堂舅）在立房这天抬梁。舅家收到消息后，在族内请一有福分的人（舅爷本人如是更好）去山上砍梁木（必须是杉树）。砍梁木用的祭品与砍中柱时相差不多，砍前还要说些吉语。砍好抬回家后，到主家立房这天清早，在梁木上挂起一丈二尺红布，抬着梁木、挑着糯米糍粑、买上鞭炮来吃立房酒，表示祝贺。梁木抬到主家，木匠师傅制成楼枕一般，在梁的正中钉上一块银元，银元两侧放置一双筷子、一块墨汁条，再用一个没写过字的本子盖上，然后用二尺四寸自染的青布封好绷紧（寓意主家立房造屋后，吉祥如意，吃穿不愁，儿孙读书进步、知书识礼、富贵双全），并用四个硬币钉牢在梁上，同时也把舅爷家随梁而来的红布也系在梁上。这时由帮忙的人用绳子将梁拉上房顶，架在堂屋两根中柱顶尖留口处，在天楼枕处铺上若干块木板或枋子，将舅爷家挑来的糯米糍粑、主家备的上梁仪式的酒菜拉上天楼，上梁仪式开始。负责帮忙的人（或族内族长）将主家准备的红布撕成若干条，分送上梁人及来吃立房酒的亲戚，每人一条，捆在手上。上梁仪式由木匠师傅、主家族老、舅爷及主要亲戚参加，每人说些吉语走到天楼。

上梁的人在天楼上到齐，木匠师傅斟好酒摆好菜，沾酒并念道："一点点梁头，世代儿孙做公侯；二点点梁尾，儿子儿孙在外伟；还有一点无点处，点下弟子润湿口。"然后舅爷与木匠师傅开拳喝酒，划拳时，拳拳开头语离不开"高升"。天楼上的人吃完酒菜之后，主家子孙在地上开始"接金接银"，即主家长子或幺儿系上妇女崭新的围裙，并由两个人帮忙提着围裙的两个角，接天楼上族老及舅爷抛下来的糍粑（此举也称抛梁粑）。族老、舅爷二人边抛边说"一抛金，二抛银，三抛来子孙，四抛大家发富又发贵！"直至天楼上的几挑梁粑被抛完，上梁仪式才结束。接着主客双方摆长桌吃立房酒。

房子框架起好后，主家要送木匠师傅一双鞋、一只大红公鸡、一升米、1元2角钱（现在为120元），表示对木匠师傅的感谢。

第六节　其他习俗

一、插草标

草标（Qios hsaod）是苗民在日常生活中使用的标记。草标一般用黄茅草、芭茅草、稻草等制成，形如一个活套"9"形。苗族地区草标的功能十分丰富，其中最常用的意思是"物已有主"。凡属无主之物，如山野里的一块石头、一片茂盛的野草、一根干枯的树枝、一块荒地，谁先插上草标，就归谁所有，其他人不得占用。当地把这种标记方式叫作"号"，其他人见到草标，也会自觉遵守规则，不会乱动所标记的东西。这种标记的有效期，没有定规，视所标记的东西的性质和用途而定。你"号"了一片野草，但三五天还不去收割，那别人就可以割走，对于石头、荒地之类的，别人会根据标记人的需求来判断草标失效的时间，比如，标记的人要用石头砌墙，你墙已砌好，仍然没有使用所标记的石头，那草标就自然失效；如果是"号"一块荒地来做墓地，那就要等需要的人死后不用了，别人才能使用，否则，是要引起纠纷的。

除此之外，草标还有许多含义。

在自家门前插上草标，表示外人不得进入，也不得叫唤屋里的人。这在当地叫作"忌脚"。根据巫师的交代，这家人中的某一个人，在一天之内不得出门，也不许与门外的任何人说话，否则会给当事人带来灾难。如果外人，特别是女人要闯进屋去的话，轻的要受到主人的责怪，重的要放炮挂红。

添丁的家庭，前三天在大门前插上草标，表示外人不能进入。

如果一块没有长任何农作物的水田里插有草标，则表示这块田主人养有鱼，鸭子等食鱼动物不得进入。如果放鸭人不小心让鸭群进入，则要赔偿主家。如果田里虽然养了有鱼，但主人不插草标，这样鸭群进入，放鸭人则可以不负任何责任。

草标与捞鱼虾的网兜（俗称"虾耙"）一起，放在门框上，则起着镇邪驱魔的作用；同样，走夜路的人或背小孩走客①，也可打个草标揣在身上，一样可以起到驱邪作用。这种草标一般用芭茅草制成，因为苗民把芭茅草视为刀剑。

草标还可以当作"钱"使用。人们出远门，需要在野外的水井饮水时，也要在水井里放一个草标，特别是天上出现彩虹的时候，这时的草标，既是镇邪之物，又是买水的"钱"。因为苗族人认为万物有灵，都是有主的。野外的泉水属于井神所有，人不能随便使用，必须拿"钱"买，否则就会受到神灵的惩罚。

如今，草标的使用率逐步降低。但它仍然是苗族地区常见的标记之一。简单的草标里有着十分厚重的文化内涵。

首先，这种标记形式是苗族远古部落（自然村寨）领地标记的遗风。在古代，这就相当于现代国与国之间的"界碑"。

其次，它彰显了苗族古代社会强烈的"法治意识"。苗民虽然没有成文的法律条文，但"习惯成法"，整个苗族社会都得自觉遵守。这体现了苗民对"法"的尊重与敬畏。

再次，它体现了苗民尊重自然、万物平等的生态意识。人们对自然的索取是"有偿"的，而"有偿"的索取，就是有节制的。这与我们现代人竭力弘扬的生态意识不谋而合。

最后，苗族古代社会并不是落后无序的，而是恪守公平交易原则的。

---

① 走亲戚。

田地草标

二、吃满月酒

　　家中添丁后，需立即在自家门口插上一根木棒打个草标，表示外人不能随意进入。新生儿的父亲不能随意参加任何庆典活动，也不准靠近。小孩出生第三天早上，家里煮上三条鲤鱼、猪肉、染红的蛋等，在神龛上烧香烧纸斟酒供饭，要给小孩取名。祖辈还健在的这一天要来参加仪式，正式给小孩取名。同时，在这天，除新生小孩的母亲不能去外，家中任何人（一般是婴儿的父亲）拿红蛋到外家①通风报喜，小孩是男的报称"得个砍柴的"，是女的报称"得个打菜的"。外家获悉后，如果第一胎是女孩，要送一只公鸡给报喜人带回来，以示二胎要男孩；如果是男孩，外家送一只母鸡带回来，以示二胎要女孩。外婆（如果外婆已经不在，舅妈履行职责）要用自织自染的青布、文斗布缝制背带，买来绒线等绣花，缝制小孩棉帽、围脖、鞋子、衣服等，定购银泡、龙凤银片等缝在棉帽上，用旧衣物缝制尿片等。

---

　　①　孩子母亲的娘家。

东西备齐后，外家还要买几只或十几只母鸡邀约本族或寨邻若干妇女同去吃酒，这顿酒叫做挑鸡酒（Jiud ghangt gheib）。外家女客挑东西到主家，主家要设长桌酒席，请族内和寨邻妇女陪外家来的女客饮酒唱歌。欢歌饮酒一宿，酒席散后，主家陪客的女人将准备好的糖果每人一份分送外家所来的女客。

小孩满月，主家要拿几斤猪肉（特别是第一胎，现在很多都是抬一头大肥猪）、提一只大青鸭、酒若干（现在是两三坛酒）和一升米（两三担米或谷子）以及糖果去外家庆祝满月。去和回来的路上，不论谁背小孩，都要打一把伞并在孩子背带上用茅草或稻草打一个草标，给婴儿驱邪。外家用主家带来的礼物，宴请寨邻。赴宴的人通常会送一至四元不等的礼钱。酒席开始前，外婆先将煮熟的鸭肉拈一片让产妇吃并让产妇喝一小口冷水，表示他们三口之家在月子里的一切禁忌已经结束，从此可以随便出入别家并参与其他活动。

现在，在小孩满月后，小孩家也办满月酒、喝小孩满月稀饭（Hous ghab dlies nias）。办酒酒席与其他酒席一样，菜肴比较丰富，宴请本寨男女老幼。

三、敬物拜神

苗民信仰万物有灵，敬奉各种神灵。在清水江两岸苗族村寨，祭拜祖先神、土地神、石神、树神最为常见。

祖先神，一般是指供奉神像和神主的神龛。诗书之家在其神龛位置上方还写有"×堂上祖宗神位""×氏祖宗之位"等。如平地营张家神龛上写有"清河堂上祖宗神位"，刘家神龛上写"彭城堂上祖宗神位"。苗族崇拜祖先神，同样也崇拜牛神，牛死了之后，他们也会把牛角放到神龛上来。逢年过节，每家每户都在神龛下摆节日供品（鸡、鸭、鱼、猪肉、酒等），给祖先烧上香纸，祈求祖先保佑家人平安、百事百顺、吉祥如意。有些人家，逢初一、十五也要在神龛上烧香烧纸，求祖先保佑家人平安。苗族敬祖，不论在家还是出门在外，吃饭喝酒总要先用筷子蘸点酒滴到地下，表示祖先先吃自己后吃。

张元茂家神龛"故家党"

土地神，指的是土地菩萨。苗乡村寨周围都有土地庙，所架的大小桥梁旁也有用石头或砖头垒砌的土地庙，有桥神在庙内护着桥。平地营曾经有多座土地庙。逢年过节寨人都要到庙前杀鸡宰鸭、烧香叩拜，祈求风调雨顺、吉祥平安。经过岁月的剥蚀，寨中的庙均已无影无踪。现在，苗寨每家每户都用几块砖头把土地庙砌到家中来，有些砌在火坑边柱头脚下，有些砌在堂屋中柱脚下，其实就是祈求菩萨保佑家中老幼无病无痛、百事百顺。

家中有小孩不乖或某人爱生病，苗民会请鬼师算命。如果鬼师说要请石神作"保爷"来消灾避难。主家就要立即在附近选一醒目突出的岩石或一堵岩壁作"保爷"，按鬼师要求的准备供品（一般为肉、鱼、酒和香纸）去祭拜。如在平地营寨脚河边的龙船棚上方几个大岩石处，常能见到有人在这些岩石旁烧香焚纸挂红。还有附近胜秉上面溪边路旁的"老虎口"（此处有一洞口形如老虎口，故有此称）岩壁，"老虎口"里人们休息避雨的石凳下，香签、纸灰随时可见，香客常到此祭拜。

人们祭拜树神的目的与祭拜石神一样，但祭拜树神比石神还要多，人们常在树蔸或树枝上绑红布条。在平地营周围，曾经不少寨人就祭拜寨口那棵已经枯死的皂角树；江西街江西会馆（年久失修，已经拆除）前两棵有几百年树龄的樟树，时常也有人来祭拜。盘龙坳坳上有棵樟树（1996年修马号—六合公路时已被砍），树蔸已被烧成空心，但枝叶还很繁茂，时常见红布飘飘。一般来说，只要是路边寨旁的古树（多为枫香、柏树、皂角、樟树等），都有人们祭拜留下的痕迹。

江西街两棵樟树

四、喊魂（Ghaib dliux）、滚蛋收吓（Dliangd giet hxiub jinb）、泼水饭（Seis gad dlies）

喊魂（Ghaib dliux） 平地营包括清水江两岸苗族人家，无论男女老幼，跌倒或受意外惊吓，一旦生病，有气无力，都会被认为是魂魄丢了。丢了魂魄的人，家里就要把他的魂招回来，附在他的身上，这样病才能渐渐好转，人才会慢慢康复。

可以请鬼师招魂，也可以自家人给丢魂人喊魂。请鬼师比较麻烦，大多是自家人喊魂，自家人喊魂后丢魂人仍然不好时才请鬼师。

一般在天黑前喊魂，喊魂前先煮三条小鲤鱼（表示鲤鱼去把魂背回来）

放在碗里，再添点饭一并放在大门口凳子上。家中一位老人（男女均可）扶在门边站立门槛上，大声地喊丢魂人的名字，念道："你在远处就从远处来，你在近处就从近处来，一个人在外总不好，回来和家人团聚……"

喊魂的人，从门槛下来，随即扯起丢魂人的手（男左女右）中指，听到指关节"咔嚓"一声，喊魂人即说："来啦，真的来啦！"然后，给丢魂人掐点放在大门口碗里的鱼、饭吃，喊魂即告完成。

请鬼师招魂时，还要请一叫"郎"的人（家里人也可以）作伴。鬼师蒙面坐凳，前放一碗米，米上放 12 元钱（过去只是 1 元 2 角）及丢魂人的衣裤布角。"郎"烧上香纸后，鬼师咬上碗里几粒米后开始驾马（两只脚不停地抖动）跟着丢魂人的脚印追去，边走（卖力地抖脚）边说："'郎'，真的远，累得很啊！""郎"也回答："不心焦，力气去力气来，主家请我们来，我们一定要追上把他喊回来。"两人在途中一说一答直至追上丢魂人，并把魂喊回来。

滚蛋收吓（Dliangd giet hxiub jinb） 一般 1 岁上下的小孩，听到震动大的声音或被某样事物所惊吓，以至比平时爱哭、爱闹，睡觉也不太安宁，时有颤抖发生时，大人要煮个鸡蛋来收吓。蛋煮熟后，划成两瓣取出蛋黄，包上一个银耳坠（或银盖子）在里面，在蛋还温热时用一块布包起，在小孩的身上滚，边滚边念，叫魂回来。待鸡蛋完全冷却取出耳坠，耳坠紫黑色程度越重，说明小孩被吓得越重。

泼水饭（Seis gad dlies） 家中某人有小病小痛，经过刮痧仍未见好转，家人就要撕一点病痛人的衣裤布角，去请巫师看是哪个鬼附在病痛人身上。去到巫师家后巫师先问，病痛人何时病的，病的前后去到了哪些地方，做了些什么事，接着，巫师便开始默默猜测，然后舀来一碗水，拿三只筷子抚上水后，将病痛人的布角浸湿，放在三只筷子顶端，边默猜，边用三只筷子掇在水碗里，只要筷子竖直稳稳站立，巫师就猜出是某鬼，即说："你家病痛人撞某鬼了，今晚给他泼点水饭，这个鬼还要某物（如烟、酒、糖果之类等），这样做会好的。"病痛人家晚上按照巫师说的准备泼水饭（碗中装有水、饭、灰烬以及巫师交代要用的供品等），出门倒在路边即可。

第六章　日常生活与生产劳作

第一节　歌舞

一、苗族古歌

苗族古歌内容包罗万象，从宇宙的诞生、人类和物种的起源、开天辟地、初民时期的滔天洪水，到苗族的大迁徙、苗族的古代社会制度和日常生产生活等，无所不包。它由《金银歌》《古枫歌》《蝴蝶歌》《洪水滔天》《溯河西迁》5 大部分 13 首古歌组成，这些古歌为五言体，押苗韵，总共 1.5 万行。2006 年 5 月 20 日，苗族古歌经国务院批准列入第一批国家级非物质文化遗产名录。流传在清水江畔苗族地区的主要有《开天辟地》《运金运银》《打柱撑天》《铸日造月》《犁东耙西》《枫木歌》等 6 大部分。古歌大多在苗族鼓社祭、婚丧活动、亲友聚会等场合演唱。古歌每句句尾押调，中途可以换调，演唱时采取叙述性腔调，一般是一段曲调反复吟唱，音域不宽，节奏较慢，假如歌词中途变调，换成另一种声调，演唱时曲调也随之变化，但调式基本相同。

苗族古歌一直以来都是口头传承的，而今，确实少有人传唱，即使有人诵唱，内容也不太完整。这里只对流行在清水江畔的几部古歌做一简介。

《开天辟地》（*Qid daib xit wax*）歌词是："我们看古时，哪个生最早？哪个算最老？他来把天开，他来把地造。造山生野菜，造水生浮萍。……姜央生最早，姜央算最老。……黄虎爹和妈，才算生最早。黄虎爹和妈，才算是最老。……云雾生最早，云雾算最老。……天上和地下，又生出来了。……

天刚刚生来，像个大撮箕。地刚刚生来，像张大晒席。……天地刚生下，相叠在一起。哪个是好汉？劈开天和地。剖帕是好汉，举斧猛一砍，天地两分开。……"这首古歌描述了苗族祖先创造天地的艰苦历程。

《打柱撑天》（*Dieb dongs did hnab*）开头歌词是"天上三次垮，三次把它修。天下三次遭，三次造成坡。……"这首古歌讲的是祖先铸了 12 根撑天巨柱，其中 8 根分别撑在黔东南 8 个地方，剩余 4 根撑东、南、西、北 4 个方位，把天撑稳了，把地牢固了。

《运金运银》（*Qiab jinb qiab niex*）讲的是为了铸"撑天柱"和打造日月寻找金银，"银产自岩层，金产自岩层"。但是"岩脚八层刺，岩头八道坎，千百道关卡，金子怎出来，银子怎出来？"于是，"挑来九挑碳，熔化八道岩，烧化八层刺。……"才得金银来，送往西方去。

《铸日造月》（*Dieb hnab dangt dleit*）讲的是以鼎罐为炉，熔化金子和银子，铸出 12 个金太阳、12 个银月亮，太阳、月亮多了，天地无规律，烧死人畜，后射掉 11 个太阳、11 个月亮，剩下 1 个太阳和 1 个月亮，但由于孤单、害怕，太阳、月亮都不敢出来，天地也不正常，于是公鸡去请日月依次出来，天地才恢复正常的故事。

《犁东耙西》（*Kab nangl kis jios*）的歌词，摘录几句，如下所示。

Kab biel bax lit dus,	挖坡把泥土松散，
Kab nangl bax det liangs,	挖土树才能生长，
Lit dus jiof senx nangl,	荒坡开垦通上下，
Det liangs jiof senx diongl,	树生后才平冲壕，
Dangt dongs ghab noux diangl,	到处是枝叶繁茂，
Sat ghab fangb lax niul.	寨边绿树才成荫。

这几句唱词是这首歌的核心，意思是通过开垦、犁耙、平整坡地，人们才能播种万物。

《枫木歌》（*Xi manx daod*）是追溯万物由来的一首歌，讲的是枫树生蝴蝶，蝴蝶生 12 个蛋，由一只名叫鹡宇的鸟来孵蛋，才生出了人类及其他动物的故事。这首歌一般在屋外唱，不在屋内唱，怕引各路鬼神来扰乱地方，影响人们生活。

二、飞歌

身处大山的苗族人民，白天劳动时在山间旷野引吭高歌，歌声缭绕，悠扬婉转，激情动人，故名为飞歌（Yangt hxis）。飞歌唱词为五言押调句式，歌词较短，一般四至六句，音调高昂，音域宽阔，气势雄浑，节奏舒展自由，旋律起伏性大，多用衬词和拖腔；乐句中的长音应尽量延长气息，句间可以任意休止，句内喜用滑音连续阶进，句尾收腔惯用甩音，终止时附加一声高昂的呐喊声"阿哈"，显得热情奔放、豪爽。

清水江畔的苗族飞歌有对唱、独唱、合唱等方式。酒席上唱的飞歌，多为互相祝愿与赞颂；青年男女们对唱的飞歌，多是互抒情怀或互相逗趣取乐。下面这首就是未婚青年男女的抒情飞歌。

Jiet kib kib vangx biel,	登上高高的山头，
Ngangt eb eb jiex lail,	看到条条河水流，
Ngangt fangb fangb jiex niul,	看山山寨寨清秀，
Hxiot fangb deis jiex hol,	安身哪寨我都行，
Hxiot fangb deis jiangx bongl,	安身哪寨成双对，
At deis dins jiaox liul?	咋个心里不焦愁？

三、嘎别福

嘎别福是苗族的一种曲艺，修辞夸张，常用吟唱性腔调来演唱。其腔调来自本地区变异了的古歌调或酒歌调，一般是一个乐句或两个乐句的反复，随唱词的多少和语调的变化而变化，腔随词走，每个乐句的终止变化音阶上行时，较快地滑向征音。

嘎别福以五言体说唱为主，一唱一答，众唱众答。旋律动听，音乐宽厚，气势恢宏，自然形成和声，充分体现了苗族文化的精髓。内容涉及人际关系、婚姻爱情、生产生活、财产纠纷等，具有反讽的意味，也有启迪人生的作用。

四、游方歌

游方歌，就是情歌。初次游方时，要唱问答歌（Hxis ghab biel laot，也叫 Hxis dab niangb）。因彼此不相识或相识不久交往不太深，便互相唱歌探问。问答歌音调柔和声轻，好像只让对方听到。问的内容有婚否、家住何处等，有时也互相倾诉赞美和爱慕之情，真真假假，假假真真，戏谑诙谐，妙趣横生，如下面这首问答歌。

女问：

Max biel jiof max nangx,	有坡就有草，
Max diongl jiof max lix,	有冲就有田，
Max vangl jiof max nax,	有寨就有人，
Daos diaos ghab dliux jiangx,	不是鬼魂变，
Yangt gangl fangb wax dax?!	飞从天上来?!

男答：

Bieb vangl ghaib haod yut,	我们寨是小，
Niangb dex ghangb vieb sat,	坐在岩山脚，
Biel baos laol oub dait,	山坡来雾霜，

Ghangb diongl sel git hset,	山冲寒气冷，
Lab vangl daot max biet,	寨子无名字，
Dal dial dlongl hxiut wat,	哥我憨笨了，
Keb jiangl ghongl git lit,	口音也难听，
Xiangs nil sal daok hsengt.	讲给妹不信。

五、酒歌

谚语云："歌是苗家的理，酒是苗家的心。"没有酒，苗家生活又淡又清；没有歌，苗家生活就像黑夜一样漫长。所以，苗族无论是迎亲嫁女、添丁进口，还是立房造物、架桥修路，都以酒歌的形式来祝贺。酒歌是苗人在酒席中为助兴而唱的歌，旋律浑厚庄重，一般由两个乐句组成一个乐段，由两个乐段形成完整的曲调。酒歌调还适用于季节歌、劳动生产歌、婚嫁歌和新民歌等。演唱时，可采用叙述腔和拖腔。它多以二人合唱为主，宾主对唱；曲调浑厚练达，矫健刚劲；歌词含义深邃、内容广泛，涉及树木花草、鱼鸟虫虾、日月星辰、雷龙天地、节令时序、牲畜家禽等。酒歌的唱词为五言句式，押调规则较严；有的要求每句各字用相应的词押调，有的要求各句尾字义相对调相押等，很少换调。

六、丧歌

丧歌分孝歌和焚巾歌两种，孝歌是死者亲属在祭奠时演唱的哭腔，多为一句重复式的乐段结构，起腔和收腔时附有沉痛的哭泣衬词。焚巾歌，也叫丧葬招魂歌（Dlaod xis，到一定年龄的人死后，必唱这种歌），是歌师送死者灵归东方又接魂回家所唱的曲调，调子一般肃穆、悲切、低沉，跳跃不大，平而缓，如泣如诉。这里摘录焚巾歌开头几句。

Nax lul jiaox nangs lad,	妈妈^①得命短，

Nax lul jiaox nangs lad,　　妈妈①得命短，

Nax lul ghad hlab bad.　　妈妈寿期满。

Nax lul biet mol jiangx,　　妈妈长眠啦，

Biet mol daok hsex feil.　　长眠不起来。

Xiangs kongb xiub kat laol,　　通报众亲戚，

Vib gied laol hsongt lul.　　一起来悼念。

Lax lax jiex ghuk hsix,　　大家都掏钱，

Ghuk hsix mal hxis diot,　　掏钱买歌唱②，

Dais lul mol jiet gied,　　带妈妈上路，

Hsongt lul mol fangb wax.　　送妈妈上天③。

Mol dous meis bangx liof,　　去跟蝴蝶妈④，

Dous dex ghout hsangx wax,　　跟祖先团聚，

Niang seis ghab jiab dangx,　　坐到神龛上，

Xit ghus niangb vib gied.　　团聚在一起。

Hsongt laol jinb nieb liangl,　　招来金银两，

Hsongt daot hsix jinb laol,　　招得金钱来，

Yangs dex dial las xiangf,　　让男性发财，

Yangs dex aid max nangl.　　让女性有穿。

Dlas khat jiex dlas ghaib,　　富客也富主，

Ghaib khat sal dlas jiul.　　主客全富有。

……　　　　……

① "妈妈"是对老年人、祖先、祖宗等的敬称，这里泛指寿终正寝的老人。
② 焚巾歌应由丧家各门至亲演唱，若至亲不会唱则需请会唱的人出面演唱。演唱前各门至亲每门掏1.2元或12元，演唱完后，主持人将亲戚赠送的钱部分送给演唱者，其余分给听众每人一点。
③ 苗俗认为，善死者的亡魂都会上天与历代祖先团聚。
④ 蝴蝶妈又译蝴蝶妈妈，系苗族图腾祖先。

七、踩鼓舞

苗族古歌赞词中说鼓舞有 36 种，这是一种夸张的说法，实际上鼓点（配舞姿）只有四方鼓、六方鼓、八方鼓等 11 种，列表如下所示，表中●表示咚，○表示哇，▲表示嘀，△表示叼。[①]

类别	鼓	苗语称谓	敲打节奏
1	四方鼓	Niol dlaob hfangb	●●○●○●○○， ●●○●○●○○。
2	六方鼓	Niol diut dongl	●●○●○●○○， ●●○●○●○○； ●○○○●○○○， ●○○○●○○○； ●○●○●○●○， ●○●○●○●○。
3	八方鼓	Niol yif hfangb	●●○●○●○○， ●●○●○●○○； ●○○○●○○●， ●○○○●○○●； ●○●○●○●○， ●○●○●○●○。
4	葫芦鼓	Niol dliangb khangb	●●○●○●○○， ●●○●○●○○； ○○●●○●○○， ○○●●○●○○； ○○▲△●○○， ○○▲△●○○。
5	（无汉语译名，下同）	Niol qiaob gangb	
6		Niol dit diaob	
7		Liol guangb diangd nangl	

---

① 咚、哇、嘀、叼表示敲鼓声调。

续表

类别	鼓	苗语称谓	敲打节奏
8		Niol guax	
9		Niol qiut qit	
10		Niol ghab douf doul	
11		Niol ghaob	

　　前面四种鼓舞，其中第一、二、四种最为常见，第三种八方鼓，清水江两岸有些寨子熟悉，有些寨子也不太熟悉。至于后面七种，第十一种鼓舞（Niol ghaob）在举办鼓藏节的苗寨盛行，其他不少寨子已经失传，在此仅作名称介绍。

　　以上十一种鼓舞，其鼓点与舞步每一套路较多的是以第一种起始，中间各有不同，最后还是以第一种结尾，循环进行。节奏快慢有致，动作幅度大小不一，舞姿优美。

平地营鼓师教徒

第二节　饮食

一、米酒（Jiud said）

平地营苗人好酒。酿制米酒时，先要制作酒曲。酒曲一般是由蜂糖罐、满坡香、五皮风、地瓜藤、双子草等带甜香味、无毒、能发酵的野生小灌木、藤本植物的果实、枝叶制作而成。先将这些植物的果实、枝叶采集回来，砍细晒干，用碓舂成粉末，再用糠和米面搅拌，掺入适量水，置入坛中盖好密封。十余天后坛中发出浓烈的香味，打开看有生出寸许长带粉红色的细绒毛霉菌，取出捏成枣子粗的颗粒晒干即成酒曲。[1]苗家米酒的酿制方法是：将粘米煮成熟饭，舀放在大簸箕上分散冷却，放进适量酒曲和冷却的饭和匀，倒进干净的水缸或木桶里后，用一张比较宽的塑料布盖在水缸口并捆紧，再用烂棉絮或烂棉衣盖在上面，让酒曲饭（也叫酒糟）在水缸里慢慢升温发酵。七八天后，揭开水缸口的烂棉絮和塑料布，酒香味扑鼻而来，说明发酵得很好。这时，把水缸里已发酵的棉球似的酒曲饭全部舀到洗净的大锅子里，搭上酒甑子（特制的，酒甑底比酒糟锅口略小一点），酒甑上方顺放一口盛满水的锅，在酒甑壁原留的洞口插上特制的渡槽穿入接酒的坛子，这时盛酒糟的锅底可用微火烤酒了。通过微火，酒糟的蒸馏水在盛有水的上锅底慢慢滴入接酒的渡槽再流进装酒的坛子，一般上面盛水的锅要换两三道水。蒸馏后剩在下锅里的酒糟常拿来喂猪。用糯米做甜酒方法是一样的，吃的是酒糟；如果再烤成酒，这糯米酒就比黏米酒香甜得多了。酿制的酒中，质量最高的要数重阳酒——传统的窖酒。制作时用上好的糯米蒸熟作母子发酵成甜酒，另酿制度数最高的头道酒掺入甜酒中去泡即可。此酒酒性醇正，色泽棕黄，状若稀释的蜂蜜，香味沉郁，清甜爽口。若窖在地下，时间越

---

[1]　参见潘家相所著《施秉县清水江苗族》（内部资料）第55页。

长，酒性越醇正。苗家人秉性豪爽，热情好客，在他们心目中，酒是待客品佳，每逢客至，他们常用自酿米酒款待。

二、酸汤（Oub sas）

苗族民间一直流传着"三天不吃酸，走路打闹蹿"的俗语。苗族家家户户都酿制酸汤。把煮饭的淘米水倒进坛子，到第二天有了酸味，即成酸汤。天天吃，天天掺进淘米水，这个装淘米水的坛子就成了专门的酸汤坛子。煮酸汤菜，菜的种类越多越好吃，如果有薄荷和木姜子一起放进去，更让人胃口大开。苗民还有煮酸汤菜放把米的习惯，这样煮出的酸汤菜既可降低酸菜的酸度，也可使酸菜变软，更宜食用。住在河边的苗民喝的是河水，他们用河水来酿制酸汤，在煮鱼的时候，将酸汤锅烧开后，把鱼取出苦胆后放进锅里，加河水，放上适量盐和鱼、香菜等一起煮熟，就是真正的美味佳肴。现在，这道"酸汤鱼"，不仅是清水江两岸苗族地区逢年过节的必备美食，而且受到了全国各地游客的喜爱。

三、鲊辣面（Oub shaob sad）

将磨好的糯米面和洗净的红辣子放到碓里舂（如果觉得太糯，可以适当加点粘米面），舂成辣面，放到坛子里盖好，七八天后可取出炒干鲊辣面或煮鲊辣菜吃。炒干鲊辣面：将锅烧烫放上清油，再放鲊辣面到锅里，用锅铲慢慢挞平（扁），均匀地撒上少许食盐，不断焙翻，焙熟后铲在盘里，稍冷却后即可食用。干鲊辣面既香、酸、辣，又酥脆（如果放有粘米面的话），味美可口。煮鲊辣菜：有油也可，无油也行，把菜（多为青菜，如果有野葱最好）煮到快熟时，取出一小坨鲊辣面放在碗里，加适量水，搅拌均匀倒进煮菜的锅里，放少许盐、姜、蒜，待滚开稍冷却后食用。

四、鲊肉（Ngox sad）、鲊鱼（Nail sad）、酸鱼（Nail saos）

将新鲜的五花肉煮熟后，切成细片与糯米面、适量食盐和匀，置入坛里盖好，十天左右即可取出炒食。炒鲊肉时不用油只加微量水，炒至糯米面熟后即可，肉嫩细糯，味香可口。

鲊鱼。将鲜鱼剖开，除去内脏，抹上适量食盐浸泡在盆里一天左右后，拿出放到屋外让太阳晒干（或用烟火熏干），将糯米面放入鱼腹内包好，用稻草捆上鱼并置入坛里盖好，十余天后取出用菜油加微量水炒熟食用。鱼肉和糯米面香糯，鱼刺变得易嚼且脆甜。

制作酸鱼时，同样地将鱼剖开晾干后，把煮熟的糯米饭和已剁细的红辣椒和匀，捏成团置入干鱼腹内，也用稻草捆好放入坛里盖好，为使以后吃时不至于太酸，坛子盖好先倒放三五天后再顺放，十余天可取出用菜油炒熟食用。

五、腌菜（Vaob ghangf）

制作腌菜需先制作腌汤（Ghangf）。将水烧开后冷却至温热倒在坛中，掺入一些洗净的青菜叶和少量炒熟的苞谷粉或面粉，搅和均匀后盖上；约过二十天后加入适量花椒、白酒、食盐，再次封好，稍过一段时间即成腌汤。日常可随时另将新鲜辣椒、黄瓜、豇豆、其他蔬菜皮菜叶泡于坛中，三五天后就可食用。除做腌菜外，腌汤还有清凉解暑、消食化滞、除寒祛瘀的药用功效。只要注意封存，经常添料，腌汤可以贮放百余年不变质，且贮放的时间越长腌味越浓。

六、鸡稀饭（Ghab dlies gheib）

鸡稀饭的制作方法非常简单，就是在清炖鸡（只要熟透不要炖烂）的基础上放几把米进去煮，鸡煮熟捞出来切成小块盛在大碗里，而米熟烂于鸡汁里即为鸡稀饭。鸡稀饭既可以当饭吃，也可以视为一道菜，是苗家逢年过节的必备美食。

七、豆腐笋（Nas dus gheib）

立夏节气，苗民扯来笋子，把鲜嫩竹笋切细，加上豌豆仁、豆腐、腊肉丁、野葱等一起烹烩，制成的菜肴即为"豆腐笋"。食用时，用新鲜莴苣菜叶裹而嚼之，风味独特。立夏节吃"豆腐笋"，据说是撑人脚力的，吃了豆腐笋干农活不费劲，而且农活做得好。

八、饭豆糯米饭（Gad nouf douf）

把饭豆、糯米和匀，用水浸泡一天后，用细筛把水筲干，再用甑子把浸泡的饭豆、糯米蒸熟，即为饭豆、糯米饭。苗寨人家逢年过节或接媳妇、嫁姑娘都爱做饭豆糯米饭。苗民嫁娶，主人家宴席上的饭豆糯米饭既可当时吃又可打包带走，以示主人家不仅家境殷实，而且还舍得、大方。

九、盐菜（Vaob mangk yingb）、水盐菜（Vaob mangk）

将青菜、青菜头洗净晾干晾蔫，抹上适量食盐浸泡在盆里一两天（让食盐泡透菜帮、菜头），然后取出放到屋外让太阳晒干，再置入坛里盖好，随吃随取。盐菜可制汤菜，也可用切好的嫩辣椒和着炒来吃，还可以做宴席上的盐菜肉。蒸熟的盐菜色美味香，劲道入味。

水盐菜同样用青菜（只是菜帮和菜叶），制法比盐菜还简单，将青菜帮、青菜叶洗净晒蔫，然后切细置入坛里盖好，半月余取出拌盐、辣椒和切细的大蒜等即可食用。酷热的盛夏在野外饮食，拌好的水盐菜美味可口。

十、甜藤粑（Jiod vaob gheik）、粽子（Jiod vongx）、糍粑（Jiod liul）

农历三四月间，苗民到坡上去扯来甜藤，将甜藤洗净，放在石碓里春碎，然后将甜藤渣用水在盆里浸泡一会儿，待盆里的甜藤汁变成黄色，把甜藤渣滤出，用甜藤汁和匀糯米面（加适量粘米面，否则太糯），然后捏成粑蒸熟，即为甜藤粑。甜藤粑既糯又香，老少皆宜。不少苗寨在阴历三月初三做甜藤粑过节。

苗民在小端午和大端午都会包粽子。平地营一带的苗民在粽子里一般包的是糯米、饭豆、芝麻秆灰（或糯谷草灰），只包糯米的叫白糯米粑，将糯米、饭豆和匀包的叫糯米饭豆粑，将糯米与灰和匀包的叫灰粽粑。粽粑形状有两种，即枕头粑和三角粑。将几张粽叶展开叠放在手掌上，舀适量的和匀的糯米放在粽叶上，将粽叶一端向中间折，留一头口子边用筷子插边放米，再将留口另一头粽叶折回成枕头状，用梭草捆紧（有些三节、有些四节，一般四节较多）煮熟，即为枕头粑。三角粑相对枕头粑较小，先将两三张粽叶卷成圆锥形，口朝上，边放和匀的糯米边用筷子插紧，待留口粽叶还能包时折回头包好，用梭草捆好煮熟即为三角粑。

清水江流域的苗民一年打两次糍粑，分别是在重阳节和过大年的时候。"打糍粑"（Liul jiod），与糍粑苗语称谓"Jiod liul"对调。打糍粑前，先将糯米用水浸泡十个小时左右，然后用漏筛滤水将糯米放进甑子蒸熟，倒进粑槽，由两个男人各持一大锤将糯米饭捶软，两人从一头用力捶打到另一头，这样反复多次，直至整槽糯米饭黏在一起、不见糯米饭粒为止。这时两个打糍粑的男人一人仍持粑捶，另一人用湿水草绳绕粑捶两圈用力刮下粘在粑捶上的糍粑，之后几个妇女手上裹着备好的清油或煮熟的蛋黄来捏糍粑，捏好的糍粑放在抹好油的桌面上，即为糍粑。

第三节　房屋建制

苗岭山区的苗民居所，依山之处多为木屋吊脚楼，而傍水溪畔稍平地带更多的是吞口式房屋。位于清水江北岸、地势较为平坦的平地营苗寨，吞口式房屋占大多数，且均坐北朝南，面朝清水江。

平地营房屋曾经何样，无从稽考。据现仍健在的 90 余岁老人说，偏寨张姓虽然居住在清水江南岸，但他们的土地较多分布在清水江北岸——现在平地营这个坝子上，起初为茅草屋后定居于此，便开始有了瓦盖木房。除张、吴二姓两家有两栋窨子房（吴姓窨子房由于年久失修，"文革"时被拆除，张姓窨子房现是张乾豪家居住）外，茅草屋（含泥巴墙草屋）仍有六七户，其余分别为一间、两间或三到五间的瓦盖木房，两间的住户占大多数，但相当多的都是板壁通漏，装修完好的少之又少。

两栋翘檐马头墙窨子房，大约修建于清代。张姓窨子房原为张东信（故东）祖上遗留，由于故东膝下无子，故东逝后务东抱养堂孙张荣宝，张荣宝虽成家但也无后，逝后胞弟张八宝 1949 年前后为生计，将窨子房卖给本族张元德（张乾豪的父亲），故现为张乾豪家居住。

三间吞口式木房

　　一间房屋（含茅草房）一般都是三柱二栝，少有五柱四栝——这部分住户较少。楼下整间从中柱分隔为里间和外间，里间和楼上为卧房、杂物间，外间为厨房。泥巴墙茅草屋，不存在栝，只在墙的两边分别立有三根柱子，架设木棒、木条，铺草盖。这种泥巴墙茅草屋比较低矮，楼上不住人，只是放些杂物。

　　吞口式房屋，吞口间为堂屋，一般在堂屋侧楼板上开有口，架楼梯上楼。除堂屋侧间隔作厨房用外，堂屋里小间及其他隔间均为卧房，楼上一般存放杂物。

　　在苗族地区，这些二至三间的房屋不像汉族那样附加有落廒，但有几户带有偏厦，也有几户在大门口侧边立有厢房。

　　最大房屋为五间，有一栋为刘姓祖上住房，现为刘跃明等三户刘姓居住，至今这栋房屋两个档头还有两堵封火马头墙。二楼走廊“回”字形木栏雕刻，工艺十分精巧，尽管时间久远，但仍非常别致。据传，一楼大门两侧龙凤、荷叶等图案的花窗也非常美观，遗憾的是“大跃进”时期，全寨集体食堂在此，花窗已被拆除。现仍见到青石板院坝，据传院坝外围当时还筑起高高的青砖围墙，还有雕龙刻凤的院门。

三户吞口式及“回”字形走廊居所

20世纪七八十年代，寨子里的茅草屋已经全被拆除，大家相继修了一些砖混或砖木结构房屋，特别是2017年以后，在县、乡各级领导的支持帮助下，平地营作为全县美丽乡村示范点，政府统筹安排资金对所有房屋进行修整，不到三分之一的传统木屋已重新上漆，三分之二以上住户建的砖木或砖混结构也被修饰一新。寨内其他基础设施也已建设完成，如今寨貌发生了天翻地覆的变化。

平地营2017年改造后的部分房屋

第四节　服饰制作①

一、蓝靛种植及染料制作

（一）蓝靛种植

蓝靛，苗语叫 Ghab dengs niex。农历正二月间人们便开始着手种蓝靛，所种植的蓝靛都是前一年保存下来的蓝靛秆或根。种植蓝靛有一定的要求，

---

① 本部分除"刺绣"外内容资料来源：1.黔东南州民族研究所《中国苗族民俗》一书275～276页；2.政协施秉县文史委文史资料研究委员会、施秉县民族事务委员会所编《施秉文史资料（少数民族专辑）》第13～16页；3.务枯口述。

土较厚较肥为佳。在松好的土中挖大约 12 厘米深的坑（坑与坑之间相隔 21厘米左右），然后把蓝靛秆或根插入土中，大约留 3 厘米露在外面，便于之后薅苗和施肥。如果管理得当，农历八九月间枝叶会非常茂盛，这时就可以把茂盛的枝叶割下来制作蓝靛。割枝叶的时候要留 15 厘米左右长的秆或根下一年做种，如下年仍在原处种植，所留的根或秆不再割，但要用稻草盖好后撮些泥土盖上，为了防冻，次年到种植时间揭开稻草和泥土再薅土施肥即可；如下年异地种植，留的秆或根仍然得割下来，一头插在土里，另一头露在外面，施少许肥后，仍用稻草盖好又撮泥土盖上，来年到时再挖来栽种。

把割下来的蓝靛枝叶浸泡在盛有水的木缸里（水要全部淹没所有的蓝靛枝叶）大约 10 天左右，蓝靛完全腐烂后，枝叶捞出扔掉。余下绿盈盈的蓝靛水加入适量的石灰（或火坑土灰），用水瓢或木棒搅动大约半个小时。木缸内出现很多泡泡停止搅动，让其沉淀后把清水滤出。剩余沉淀的蓝靛水让其蒸发干后，置于坛中，随时取用。

（二）染布

染布就必须有染缸（Qid ongd oub vaob），那么染缸是如何制作的呢？在通眼的木桶底铺些稻草，将土灰倒进木桶里，然后倒一定的温水，在土灰桶下放一大盆接土灰汁水。然后将接到的土灰汁水倒在大缸里，加上适量的蓝靛和酒，在大缸里和匀，便成了染缸。做好染缸，一般 5 天后才可以染布。染布前，每天都要将一些酒、蓝靛和匀后倒进染缸，染缸才不会"坏死"。把织好的白布放进紫色水的锅中煮开，让白布全变成紫色布，捞起晾干，再折叠放在石板上捶打一两个小时，使布料柔软，这是第一道工序。将挖来的红刺根捶烂，取红刺根皮用鼎罐熬出红水，另再炖上水牛皮成浆，把红刺水与水牛皮浆和匀放在大盆里，将柔软的紫色布浸泡在大盆里，不断翻泡让其泡透（这样布既红硬又光亮，此时的紫色布已基本形成家机布），然后晾干又捶——这是第二道工序。用水牛皮浆浆布，晾干又捶（使家机布更加光亮），后用布裹紧放进甑子蒸，直至甑子冒大气，取出晾干——这是第三道工序。取出甑子的家机布放到蓝靛缸里浸泡四五次（为了固色），同时也要拿到河里清洗四五次（每天一次），浸泡、清洗、晾干时都要捶——这是第四道工序。将家机布再次连续四五天浸泡在蓝靛缸里，取出晾干再捶，再次将家机布用布裹紧再蒸，同样让甑子冒大气后取出晾干，这时的布料就真正成为苗家的家机布了。家机布以紫色均匀、明亮度适中为合格，如呈现花朵似的红色或黑色即为不合格。

二、纺纱及织布

苗民过去都是穿自织、自缝的土布衣服，所以要通过种棉花、纺纱才能得到织布缝衣的材料。每到种植棉花的季节，苗民就把种棉的土地精心整理好，施足底肥后把选好的种子播下去。等到种子发芽出土后，要匀苗定苗，打叶修枝。待到棉桃开口，绽出朵朵雪白的棉花时，从棉树上一朵朵地摘下来，晒干（一般要烘干、透）洗净，分类搁好（上等的用来弹棉纺纱，次等的可用来弹棉絮）。再用自制的轧花机（Hxiab meib hseib）让棉籽和棉花分离，并把脱离棉籽后的棉花轧成皮棉，请弹棉师傅弹成细绒花，再自己搓成棉条，用来纺棉花（纺纱）。

（一）纺棉花（Nis meib hseib）

纺纱织布是苗族妇女必须掌握的技能，每到农闲时，妇女们在庭院中、屋檐下、堂屋里、火坑边……不停地用右手摇着纺花车（Xiod nis meib hseib），左手捏着棉花条纺纱，棉纱线在纺车上不断增大，渐渐成棉纱球，待棉纱球似鹅蛋大小时，就把它取下来放在篮子里。这种鹅蛋大小的棉纱球纺得若干个后，将纱线放开绕到摇纱车（Xiod ghangd haod）变成一只只的线圈，用鼎罐或锅子掺水煮沸，冷却后再将这一只只棉纱套在粗木杠上用小木棒扭干，然后用淡淡的米汤再浆晾干，最后把一只只的棉纱纺到竹筒（Lies haod）上，就开始牵纱。

纺花车

摇纱车

（二）牵纱（Gax daos）及织布（At daob）

事先要用竹竿在牵纱的地方量好，两头钉上木桩（Xiox daos），把竹筒上的棉纱线用细棒签穿在牵线机（Xiox gax daos）上，牵线的人手持牵线机来回牵线，把棉纱挂在木桩上，牵完线后，每根线头用薄片铁钩（Ngait daos）钩进织布梳（Vas daos），把线头套在辊纱轴（Jiangd daos）上，然后，再将牵好的线挽（卷）在辊纱轴上。挽好纱线后，把辊纱轴装在织布机（Hsongx daos）头上，穿上棕扣（Vangl daos）套在辊布轴上便可以织布了。织布人坐在织布机上，脚踏踩板（Laob daos），织一般的布踩两只踏板，织大、小文斗布需踩四只踏板，手持木梭（Lies daos）织布。

　　苗家织布机通常是自制的，主要织家机土布、小文斗布（Linx pat）、头帕（Pat khaid houd）等。同样，与织布机相似，还有一种是织锦机（Hsongx dlid qiub），它一头高一头低，主要织围裙（Qiub bab）、锦（Dlid bangl）、大文斗布（Linx dieb）等。

织头帕

织锦

（三）栽桑养蚕抽丝绣花

苗寨妇女、姑娘衣服、围裙上的动植物图案，都是用丝线一针针刺绣而成。过去很难买到，也无钱买丝线，所以都是靠自己养蚕抽丝。为了养蚕，苗寨家家户户房前屋后、田边土埂都栽了桑树，采摘桑叶来喂蚕虫（Gangb erd）。从小蚕出卵起，苗族妇女就起早摸黑、熬更守夜地认真喂养，精心管理，每天喂桑叶二三道，两三天换一次蚕虫屎，直至蚕虫上树（Gangb erd jiet dout）。蚕虫上树七八天后，吐完丝做完蚕茧就把蚕茧摘下来，用铁锅架在三脚上（或砌一个小灶），把水烧开，将蚕茧放在锅里煮。铁锅的两边捆两根木棒，锅口上边横捆一根三尺来长的竹子，中间卡一个小铜钱。抽丝（Xius haod gangb erd）的妇女把丝头穿过铜钱小孔，一手一手地把丝抽放在米筛或落筛里。待丝线干后，在丝线堆上面压一些小石子（或黄豆），用摇纱车把丝线搅成小团放好。之后，用颜料把丝线染成不同的颜色，姑娘和妇女们就可以用丝线来挑花、织围裙、做腰带。

三、服装式样

清水江边苗民的服饰，男式的简单，女式的较为复杂。

男式上衣为紫蓝色对襟长袖短衫，前襟下端左右及左上胸各置一个衣兜（左上胸衣兜相对要小），胸前正中直排布纽扣七副或九副（多见九副）。这种衣服根据布料分两种，一是家机布衣（Oud daob said），也叫单衣；二是小文斗布衣（Oud lingx），也叫夹衣。老年人还有用小文斗布缝制的夹衣，即长便衣（Oud daid lingx），左襟往右掩至腋下方，结布扣。

男式家机布衣

男式小文斗布衣

老年人长便衣

女式上衣亦为紫蓝色，左襟盖右襟交叉掩胸，左右襟中摆有花带系结于腰后，两只衣袖绣有五彩图案（主要为龙、凤、牛、羊、蝴蝶、鱼、鸟、花、草等），肩、臂等部位织锦钉有图案各异的银片和银泡。

褶裙（Khus）的制作工艺很复杂，将染好的质量上等的家机土布（宽40厘米，总长约20米）撕成69块，先把第一股23块分别围在木桶上，将家机土布边折皱边用针线固定，并将这23块用针线接在一起，裙子的上部分就做好了；再将第二、第三股各23块家机布分别粘在一起，也分别围在木桶中部和下部，边折皱边用针线固定，再将这23块双层折皱家机布用针线接起来，这是裙子的裙脚。将裙子下端与裙脚上端用绒布在裙内接口处用针线接好，再在裙子最上端缝上一块宽约16厘米的家机布作为系带，褶裙（褶皱大概有100余道）便大功告成。因制作工序较为复杂，现在只有1/10的苗族妇女会做褶裙，所以大多数苗族女性穿戴的褶裙都是请人订做的。苗族女性每人都要有一条褶裙，这条裙子年轻时逢节日或出嫁时穿，直至她辞世也要穿在身上。

褶裙

苗族女性的围裙帕（Qiub bab）都是用织锦机织的，好的围裙帕在重要节日时穿戴。根据绣线颜色及使用人群可分为"秋把涛"（Qiub bab taob）、

"秋把啥"（Qiub bab sat），"秋把涛"以红色为主色调，年轻女性穿戴；"秋把啥"是蓝绿色调，多为中老年女性穿戴。平时穿戴的围裙帕两边镶的是家机土布或绒布。

苗族女性的银饰包括银叉（Xiat houd）、银冠（Dlaox niex）、银簪（Baol ghab daid）、银钎（Hxinb houd）、银梳（Vas niex）、银耳环（Dlinb naix）、银耳坠（Diongx naix）、银项链（Hsud daox）、银项圈（Dliangb ghongd）、银花（Bangx niex）、银鸟（Nous niex）、银手镯（Dliongt biel）、银泡（Paot niex）、银铃（Dongx lingx niex）。

四、刺绣

苗族刺绣是与苗民西迁连在一起的，传说有位叫兰娟的女首领为了记住迁徙跋涉的路途经历，想出了用彩线记事的办法，她过黄河绣条黄线，过长江绣条蓝线，翻山越岭也绣个符号标记，待最后抵达可以落脚的地方时，从衣领到裤脚已全部绣满，从此，苗家姑娘出嫁都要穿上一身亲手绣制的盛装，为的是缅怀离去的故土，纪念英勇聪慧的前人。

苗族刺绣有平绣、破线绣、锁绣、叠绣等多种手法，施洞、马号一带清水江沿岸的河边苗族姑娘流传的主要是"破线绣"，即把一根丝线破成若干更细的线绣出花样。用破线绣的手法绣出来的绣品，虽然很花时间和精力，可是非常细腻，有光泽度，而且很精致。

苗民信奉"万物有灵"，苗绣有花草树木、飞禽走兽等不同的图案。所有动植物的形象并非自然界中的原样，都是神化了的超自然形象。

苗族女性从小学习刺绣，先临摹后"填红"，临摹是基础，也是学刺绣的基本功；刺绣的"填红"就是用红纸剪好图样粘贴在要绣的布料上，或者用笔在布料上画好图案，再用彩线绣盖。

刺绣的临摹本，叫刺绣母本，如下图所示。

刺绣母本

　　苗族姑娘长到七八岁，在妈妈的指导下就开始用白布仿照刺绣母本由易到难，开始学习临摹刺绣，一种一种地学，直到全部学会，才能正式学习刺绣。

　　观其图纹，似乎简单，但要真正学会绣好，按照刺绣"纹路严密包覆，不露底布"标准，非用苦功不可，做到精致也得用三四年时间。在学会、学像的基础上，再用家机布仿照这些基本图纹有目的、有选择地临摹刺绣，缝制比较简单的衣物。

　　填红，就是按剪好的图样（含描图）进行刺绣。

剪好的图样

　　填红描图刺绣较之临摹要复杂。要使绣出的图案达到活灵活现、熠熠生辉的效果，刺绣的人必须根据自然物样，大胆想象，添加赋于该物生命力的色彩。可以这么说，同一图案，不同的人刺绣，就会有不同的刺品。

　　从刺绣部位、复杂程度以及价值上看，妇女绣衣最好的就是"欧香"，苗语意为"野猫衣"（野猫全身布满美丽的花纹），其做工最细、费工也最多。"欧香"主要色调为红色，肩、领、前襟、后背等处都有刺绣图案，花团锦簇，富丽堂皇。在前摆、后背的下端，还绣有两行呈"一字形"排列的蝴蝶、太阳鸟、狮子等图案。由于费工费时，其价格每件一般在 5 万元以上，做工精美的则要 10 多万元甚至 20 多万元。因此，"欧香"是女性盛装的极品，只有少数人才拥有。这些衣服、围裙、褶裙凝聚着苗族女性的心血和汗水，更是她们勤劳和智慧的结晶。这些衣物在盛大的节日穿戴外，其余时间舍不得穿，都是在箱柜里搁着，作为传家宝，一代传一代。

　　除欧香（因为价格太高）外，所余衣物在妇女百年辞世前，由她嘱托需用哪件就将哪件穿戴在身上（褶裙必定要有）作为随葬品，其余仍可以留给后代女、媳一代代穿下去。

第五节　禽畜养用与市集赶场

一、家禽、牲畜的养用与交易

　　在平地营，苗民喂养家禽主要是为了食用和出售以增加家庭收入。山野乡村距集贸市场较远，来人来客无以招待。家中喂有家禽，便方便得多。如果家庭一时周转不开，还可捎几只去卖，化解燃眉之急。所以，在农村家家户户都喂养家禽。喂养牲畜主要是帮助生产，喂多了可以出卖增加收入。

　　这里主要介绍在苗族地区买卖家禽、牲畜的习俗情况。

苗族人家买回猪、牛、羊时，要在自家大门口点上大火把，在离牲畜稍远处熏一下，表示迎接新畜进屋。如果是猪，赶猪的人要大声祝颂说："长大八百斤！"是牛、羊的话，也有类似祝颂。苗族人家弟兄多了分家要开新火坑烧火，火坑象征户牌。点火迎畜表示牲畜换了主人，同时还有驱邪杀菌的意思，预祝六畜兴旺。苗乡有这样的谚语："穷莫丢猪，富莫丢书。"把喂猪与读书并提，就是要大家懂得物质生产与智力投资的重要性。

苗族人家出卖家禽、牲畜时，要在这些家禽、牲畜身上扯几根毛丢在禽圈、畜圈里，卖的主人还在门边大声说："Vib dal mol, hsangb dal laol, xiangf dax dlab baol laol.（卖去一个，发来千万个，家业不断扩展。）"若出售家禽、牲畜，没卖掉又拉运回家，要在这些家禽、牲畜身上喷水，象征披着满身的露水回来见同伴或母禽（畜）。民间认为这样做，在家的同伴或母禽（畜）不知它们去过市场，而是外出活动归来，大家关系照旧，互不争吵。

二、市集赶场

清朝年前，马号、施洞赶集地是在现在马号镇东面、沙湾北面的杨家湾寨脚下的溪沟边。现在仍健在的 90 岁以上的老年人还记得一句苗话——Diot hxiangx ghab nanl hxib（到瓜南西这个地方赶场），Diot hxiangx 是赶场之意。"ghab nanl hxib（瓜南西）"指的是从金钟山和楼寨流出来的小溪沟与清水江河流交汇在杨家湾至沙湾的河沙坝处。这个集贸场地辐射三四十里，涉及村寨广，人流量大，当时市场非常繁荣。现在这个范围内不少村寨苗语称谓均以"nanl"字打头，或许与"ghab nanl hxib"的"nanl"字有关。如 Nanl xios（南哨）、Nanl gangd（施洞八埂）、Nanl dlingb（杨家寨）、Nanl kib（巴拉河）、Nanl hxiaos（平兆）、Nanl gaox（平搞）、Nanl dliangl（胜秉）、Nanl gud（得果摇）、Nanl songb（冰洞）、Nanl oub（溪口）、Nanl dlengs（六合八埂）、Nanl dliaot（六合）等。

马号（Hangl meil），"hangl"是买卖交易的场所，"meil"指的是马，马号就是买卖马的场地或马栈。香界（龙颈中寨，也叫沙界屯），与苗语 Xiangx gheib 谐音，实际是买卖鸡鸭的场所。香坝（杨家湾）与 Xiangx bat 谐音，"bat"指的是猪，那么杨家湾就是买卖猪、牛、羊等的场地。其他货物，如布匹、洋货等大部分都是从水路运来，农村诸多交易物品，一般都在沙湾上面的河沙坝。由旱路来的物品、家禽以及摊点等，有市场专职契税官收税；从水上船运来到"瓜南西"市场的货物，首先都要到江西街交"厘金"（税费），才能入市。那时市场买卖交易，均用铜钱或银元交换。

清水江沿岸赶集场地有六个：谷陇（属黄平县）、平寨（属施秉县）、双井（属施秉县，过去也叫新城）、施洞（属台江县，旧时为瓜南西）、平兆（属台江县）、革一（属台江县）。历来按子、丑、寅、卯、辰、巳、午、未、申、酉、戌、亥日来赶"转转场"。辰、戌赶谷陇，巳、亥赶平寨，子、午赶双井，丑、未赶施洞，寅、申赶平兆，卯、酉赶革一。"文革"期间曾有一段时间施洞赶集地赶星期天的场，平兆市场由于 1970 年夏清水江洪水暴涨被吞噬，此后市场渐渐萧条，于 20 世纪 90 年代初自然消失。

清朝中期，清水江南岸纳入国家统治，因为"瓜南西"市场所涉寨广、人多，特别南岸施洞周围寨子更为集中，于是官商与地方精英协商，由他们投资，聘当地民工出力，在江西街老渡船处对岸、施洞河沙坝建商贸市场。这个市场建成后呈长方形，占地 6000 多平方米，四周沿河上下两头均用青石板砌边，地面全是鹅卵石铺就，外围河堤为青石砌成的梯坎，梯坎上相隔一两米锉有长宽约 10 厘米方形的洞口，方便航运船只绳索系船停靠；同样，修青石梯坎至施洞老百姓房屋屋脚，两头的青石梯坎一直延伸到施洞的街道。加之沿河上下两头还有非常宽的河沙坝，比起瓜南西市场分散交易确实有了好转和改进，大大方便了物流销售。施洞市场，也比沿河下游平兆市场宽敞、平整。

施洞赶集地替代了"瓜南西"的贸易市场，特别水上航运，由下而上的货物源源不断，施洞既是赶集地又成了码头。据老人说，当时由于陆上交通还非常闭塞，每到赶集日，水上货运的船只停靠施洞，上至天堂寨下到塘龙寨，沿岸挤得水泄不通，市场物品甚多，人流如潮，非常热闹。正因如此，施洞码头当时在清水江流域与锦屏的茅坪、天柱的远口、凯里的旁海、黄平的重安江、麻江的下司"六大码头"齐名。民国末年，特别是镇远经施洞公路可通台江后，这个赶集地辐射范围更大，市场更加繁荣。

随着社会的进步、农村经济的不断发展，为恢复"瓜南西"旧市场，20世纪90年代中后期，施秉县工商局及马号乡等有关部门，认为马号乡场地宽裕，所以在施洞赶集日的同时，也在马号至沙湾桥（原桥）上下建设市场。是时，该市场也比较活跃，农副产品交易并不比施洞市场差，特别木材交易更胜一筹。由于诸多原因，这个市场持续八九年之后自然消失了。

由于平兆、马号市场相继消失，施洞市场不仅物流越来越多，而且人气也越来越旺。21世纪初，台江县工商管理以及海事等有关部门通力合作，不仅扩宽了施洞原有赶集的场地，且在场面用鹅卵石铺就许多苗族吉祥图案，修建了直通场内的行车道，极大地方便了民众。

第六节　礼仪规范与社会禁忌

礼仪指礼节和仪式，是约定俗成的共同认可的行为规范。平地营苗寨日常生活中的礼仪举例如下。

△苗家有客人来访，必须杀鸡宰鸭盛情款待。吃鸡时，鸡头要敬给客人中的长者。这位长者接受鸡头后，不能独自享用，他要把鸡头分成上下两半，上半部分递给桌上最老的人或主人（因为上瓣鸡冠子肉多，以示尊重），自己吃下半（吃鸭时相反，客人要递给最老的人或主人吃下半，下半舌条有肉，自己吃上半）。鸡（鸭）腿送给桌上最小的人。鸡（鸭）肝主人拈给同桌的最长者或客人，但这位最长者或客人不会独食，要分给桌上所有长者每人一点。过年杀鸡煮熟的整只鸡，鸡胸砍下来留到初二去拜年送

给老丈人（岳父），鸡尾送给舅舅（爱人的兄弟）。

　　△杀年猪，送老丈人（岳父）一提猪腿时要带点猪肝，同样，送舅舅（爱人的兄弟）一块肉也要带点猪肝，以示尊敬。

　　△逢年过节，煮熟鸡、鸭、猪肉后，再斟点酒先供祖先（滴几滴酒，掐点肉、饭在地上），表示祖宗先吃，家人后吃。

　　△外死的老辈，进不了家中的神龛，要在大门外壁上置香钵，表示他只能在门外享祭。

　　△家里来客上桌吃饭喝酒时，要请客人或年长者坐神龛下桌子的上方，再按年龄大小或论资排辈陪坐两边及下方。有男客来时女人一般不上桌。

　　△给人盛饭时，不能图方便省事将筷子插在饭碗中递送，为表示敬意，两手先递饭碗再递筷子。

　　△儿媳和公公不能同坐在一条凳子上。

　　△与长辈或年长者一起侃谈聊天，晚辈和年幼者不能跷二郎腿，也不能有其他不良举止表现，表示尊重。

　　△老少同吸土叶烟，小辈的烟杆不能长于长辈的。

　　△老人就座后，小辈、妇女不能从老人面前走过。如果屋子狭窄，非横跨不可，必须先打招呼表示歉意，老人应允后才能通过。

　　△同行路上，年轻人要让年老者或年幼的走在前面；过不算太宽的桥时，先让对方走过来自己再走过去。

　　△行走路上与人相遇，先要打个招呼；如果对方挑担要主动让路。

　　△见别人家门前插有草标，不能随意进去，更不能随意乱喊。

　　△民以食为天，在饮食时不能乱抛撒饭菜。

　　△向客人斟酒、献烟、敬酒、递碗筷要双手相递。

　　△不能面对他人吐唾沫，同样饮酒吃饭时也不能对着他人喷酒喷饭。

　　苗家人最忌外族别人以"苗子"称自己，认为这是对苗族人最大的侮辱。禁忌主要是避凶，常见禁忌举例如下。

△办喜事忌说不吉利的话，忌弄破锅、碗、勺以及酒杯；新媳妇接来除头次吃喜酒外，第一至第三次来到男方家做家务事也忌弄破锅、碗、瓢、盆等。

△正月初一忌动刀、斧、剪之类器物，也忌讨债、做针线活、杀生、啼哭等一切不吉利的事情。

△姑娘出嫁时，走路跌倒或脚碰石头都不吉利；路上遇蛇、黄鼠狼、抬死人以及路途中听到响雷声也都不吉利。

△接亲挑新娘衣物的人，路上一定要走稳，不能跌倒丢落新娘某样东西，否则被认为不吉利。

△姑娘出嫁回门后，在未得吃新郎家陪送的青鸭肉之前，不能随意进入别家，否则会被认为所进入的那家不吉利。

△女人生产前要到男方家来，不能在娘家生小孩，否则男方家要到女方家放炮挂红；女人坐月子时，不能进入别家；丈夫在妻子坐月子期间不能参加寨里的一些活动，如正月耍狮子玩龙灯、端午节划龙船等。

△划龙船时忌女人上龙船。

△丈夫忌沾妻子的奶水，所以哺乳期妇女吃剩下的饭丈夫都不能吃。

△忌公鸡在头更前叫。如有这种情况主家要悄悄把它杀掉，并把头砍下来用竹签穿上插在路口处让其看东方日出。

△老鹰、乌鸦栖息于屋顶，预示要发生火灾或死人。

△在坡上遇到两条蛇绞在一起性交，或行走路上遇蛇拦路，或无意遇见人在性交，都被认为是不好的兆头。

△忌烤火时用脚踩三角架。传说三脚架由3个护火的祖先组成，任何人不能踩。

△父母健在忌戴白帕、穿白鞋白袜。戴白帕、穿白鞋白袜是丧亲守孝的标志。

△不许在家或夜间吹口哨。

△农村有"猫来穷，狗来富"的俗语，如有别人家的猫较长时间蹲在

自己家里，要把这只猫悄悄丢到离家较远的地方去。

△忌外来夫妻在主家同宿，就是姑舅夫妇来了，也不准在家里同床。

△忌女人，尤其孕妇横跨男人挑的扁担。

△忌正月间洗晒床单铺盖。

△忌别人家的猪、狗、牛、羊无端进自家房屋或爬上房顶。

△忌家养的猪睡食槽。

△忌大人，特别妇女抬脚跨过小孩的头，这预示小孩长不高，另有以大欺小之意。

△忌用餐时拿筷子敲碗（这被看作是乞丐讨饭）。

附 录

附录一　神话故事

一、仰阿瑟（Liangx oub sel）

　　传说很久很久以前，在一个山谷中间有一个绿幽幽的深潭，山的两边有苍翠的树木和奇丽的花草。潭边深处有一口井，井里喷泉透明晶亮，潭中能照得见天空的云霞、飞鸟，能照得见井旁的树木和花草。有一天，从东方飞来一群鹭鸶，从西方飞来一群水鸭，它们一见到这个美丽的水井，就想到里面去找鱼虾，气得看守水井的地神跳起来吼道："嘿！你们到这里来干什么？这不是鱼塘，这是仰阿瑟出生的地方。明天她就要出世了，你们可不要啄呵！谁敢动她一根毫毛，我就要叫它尸骨不归家！"鹭鸶和水鸭只好夹起尾巴飞走了。

　　第二天，忽然天昏地暗，电光闪闪，雷声隆隆，瓢泼的大雨落下来了。井里冒着水泡，发出"啵——啵——啵"的响声。过了不久，雨停了，天也晴了，五彩斑斓的云霞，像苗家姑娘绣的奇花异草，飘浮在晴朗朗的天空。这时候，仰阿瑟从水井中冒出来了，成群的蝴蝶围着她飞舞，数不清的鸟儿绕着她歌唱……大家都在欢乐地庆贺美丽的仰阿瑟诞生。

　　仰阿瑟生出来的第一天就会笑，第二天就会说话，第三天就会唱歌，第四天就会织布、绣花。仰阿瑟的歌声，是那样委婉动听，飞遍了山山岭岭，响彻了村村寨寨。在阴天里，她的歌声能驱云逐雾，把太阳唤出来；在冬天里，她的歌声能驱寒逐冷，唱得满山遍野开遍鲜花。蜜蜂听见了她的歌声呵，忘记了采蜜；百鸟听见了她的歌声呵，忘记了歌唱；青年小伙子们听见了她的歌声呵，忘记了手中的活路；姑娘们听见了她的歌声呵，一字一句地学唱。

日子一天天地过去了，一年年地过去了。映山红开了又谢，谢了又开，映山红开过十八次了，又谢过十八次了，仰阿瑟姑娘已经十八岁了。十八岁的仰阿瑟呵，长得更加美丽啦！美丽的仰阿瑟，有一对水灵灵、葡萄似的眼睛，有一个白茶花似的又白又嫩的脸庞，有两条锦鸡毛似的又细又长的眉毛，有一头黑丝线似的又黑又亮的头发。她穿起自己绣的花衣服，蜜蜂会飞来采花蜜；她穿上自己做的百褶裙，那褶皱比菌子上的纹路还美丽。九十九个疆略①里的姑娘，哪一个能比得上她？九十九个疆略里的青年小伙子，哪一个不爱她？

仰阿瑟长大了，她的名声传遍了天下。求婚的人，多得像采花的蜜蜂，今天来一群，明天来一帮。他们踩崩了去仰阿瑟家的路，踏破了仰阿瑟家的大门槛。乌云见仰阿瑟聪明又美丽，为了讨好太阳，就想把她说给太阳做老婆。有一天，乌云飘呵飘呵飘到太阳家，他对太阳说："天底下有个漂亮的姑娘叫仰阿瑟，太阳，你是天上的有钱人，快把她娶来做一家吧！"

太阳正在吃午饭，听了乌云的话以后，连忙把碗筷朝桌上一丢，急匆匆跑到楼脚下去看。只见仰阿瑟正在那清幽幽的河水里洗头。呵呀！仰阿瑟实在太美丽啦！她好比一朵带露的鲜花，她那白嫩嫩的脸，黑油油的头发，那闪闪发光的眼睛，太阳越看越着迷，决心要娶仰阿瑟。他高高兴兴回到楼上，催促乌云说："乌云呵乌云，你快快给我去做媒吧！"能说会道的乌云，马上飘到仰阿瑟家。他对仰阿瑟说："谷子熟了就要打，姑娘长大了就要嫁。太阳是勤劳、勇敢、聪明、英俊的小伙子，天上最富的就数他家。仰阿瑟呵仰阿瑟，你要是嫁给太阳，荣华富贵就够你享受一辈子啦！"

---

① 指苗族鼓藏节活动场所，一般一个大的村寨或几个邻近寨子组成一个疆略。

仰阿瑟本来不爱太阳家的财富，但一听说他勤劳、勇敢、聪明、英俊，就有些动心了，后来决定嫁到太阳家。

出嫁的日子到了，乌云领着仰阿瑟去太阳家。他们走到一个山谷里，遇见一棵樱桃花。樱桃花问仰阿瑟去哪里，仰阿瑟回答道："我出嫁去太阳家。"樱桃花摇了摇头，说："太阳长得太难看，鼻孔长牙齿，脸上生疙瘩。你快莫去了，来嫁给我吧！"

仰阿瑟有些犹豫了，乌云花言巧语地欺骗她说："太阳是天上出名的美男子，聪明的仰阿瑟，你可不要听樱桃花的谣言啦！"

仰阿瑟和乌云继续朝前走，走到一个山坡上，遇见一只画眉鸟，画眉鸟又问仰阿瑟去哪里，仰阿瑟仍然回答道："我出嫁去太阳家。"

画眉鸟摆了摆尾，说："太阳是个大懒汉，一天到晚睡着不想起，活路不去做；太阳是个大恶人，站也气鼓鼓，坐也气鼓鼓，一句话不合他的心意，就把人打来把人骂。仰阿瑟呵仰阿瑟。你快不要去了，快来我两个成一家。"

仰阿瑟更加犹豫了，不想嫁给太阳了。乌云又花言巧语地骗她："太阳是个勤劳的小伙子，每天天还没亮就出去做活路，天断黑了才回家；太阳对人温和又善良，话还没出口就笑眯眯，笑过以后再说话。聪明的仰阿瑟，你可不要听信画眉鸟的鬼话。"

尽管乌云花言巧语，仰阿瑟还是决心不嫁太阳了。乌云生气了，伸出长长的手臂，挽住了仰阿莎，一飞飞到太阳家。

仰阿瑟嫁给太阳以后，才知道太阳真的是懒汉，成天睡懒觉；太阳真的生得丑，鼻孔里生着长长的牙齿，脸上长着大个大个的疙瘩；太阳真的很凶恶，他经常把人打来把人骂。这样又懒又丑又凶恶的人，怎么能配得上仰阿瑟？连邻居们也忿忿不平地对她说："仰阿瑟呵仰阿瑟，你嫁给又懒又丑又凶恶的太阳，今后的日子怎么过呀？"

仰阿瑟听了，一阵阵心酸，一阵阵难过。

太阳娶来仰阿瑟以后，如同树木有了根，刀子有了把；家里的事有勤快的妻子来操持，太阳比以前更懒啦！有一天，仰阿瑟劝太阳说："你为什么不去做活路，天天守在家？即使你的家财有山那么大，也会坐吃山空呀！"太阳傲慢地回答道："做活路太辛苦，每天风里来雨里去。哼！这样笨重的活路，我才不干哩！只要我出门去做理老，出门去讲道理，既能出名，又能赚钱，这难道不比做活路强得多吗？"太阳决定出门去做理老，可是，家里那宽宽的田地，找谁来种呢？家里那众多的牛马，找谁来喂呢？太阳见月亮既勤劳又老实，就请他来当长工，叫他种田地，叫他割牛草。

　　太阳出去已经三年了，三年来没有回过一次家。仰阿瑟独自在家冷清清的，见有人从东方来，她焦急地问他们道："你们看见太阳没有？他要几时才回家？"这个说："太阳被钱财迷了眼，名誉迷了心，谁知他要几时才回转？"那个讲："太阳在东海边做理老，替人家打官司、讲道理，他赚了很多钱，生活过得美美的。太阳早就把你忘记了，你再等上三年五载，恐怕他也不会回家，我看你还是改嫁给别人吧！"仰阿瑟听后，她一阵阵心酸，一阵阵难过……

　　月亮是一个结实、标致的小伙子，为人很忠厚，做起活来很勤快。每天天还没亮，他就起床做活路，天断黑了，他才回到家。回到家以后，他又帮仰阿瑟挑水，帮仰阿莎舂米。

　　仰阿瑟体贴地对月亮说："你从天亮忙到天黑，已经够累了。米，让我来舂；水，让我去挑。你坐下来好好地休息一下吧！"不爱多话的月亮，只说了句："我不累，我不歇。"他仍旧干他的。

　　日子相处得长了，月亮爱上了美丽的仰阿瑟，仰阿瑟也爱上了勤劳、忠厚的月亮。他们商量好了，决定逃出去，到遥远的地方去安家。

　　仰阿瑟和月亮逃走了，牛没有草吃，饿得哞哞叫；猫没有饭吃，饿得叫咪咪……

　　通桑（太阳的哥哥）知道了，就到东海边去找太阳报信，它见太阳正在那里讲道理，太阳把理片打得嗒嗒响，灰尘扬起几丈高，为了名和利，他哇哩哇啦讲得满头大汗不停歇。通桑着急地对太阳说："月亮拐跑了你的妻子，你快回家去吧！"通桑说第一遍时，太阳根本不相信，连理都没有理他；通桑说第二遍时，太阳起了疑，凶狠狠地问他："你说的可是真话？"通桑一看太阳不相信自己，就赌咒说："假若我骗了你，我就挨雷打……"

太阳听说月亮拐走了妻子，气得把手中的理片狠狠地扔在地上，连桌子上的理钱都忘记了取，桌子下的牛腿也忘记了拿，急急忙忙朝家里跑去！太阳边跑边暴跳如雷地骂道："月亮呵月亮，我还以为你老实，你竟敢拐跑我的婆娘，我若遇到你，一定砍你成两段；仰阿瑟呵仰阿瑟，你竟敢和月亮逃走，我若遇到你，一定擂你成泥巴。哼！你们等着瞧瞧老子的厉害吧！"

太阳回到寨子里，只见别人的屋顶上都冒着炊烟，只有自己的屋顶上已长满茅草，太阳见了很伤心。太阳回到家里，见敞开的碗柜没有关，用过的鼎罐也没有洗。太阳气得一跳三丈高，狗在大门口，他打了狗三棍；猫在火炉旁，他打了猫三拳。太阳气鼓鼓地骂它们道："你们这些该死的笨蛋，为哪样不守住我的仰阿瑟？她现在在哪里？"狗汪汪地叫着答道："我只知看家，不知守你妻，谁知道她去哪里。"猫也喵呜喵呜地叫着答道："我只知守仓，不知守你妻，谁知道她去哪里。"

太阳更加生气了，拿起棍子又要打，抬起脚来又要踢，幸亏猫头鹰看见了，愤慨不平地对太阳说："你快住手，你的妻子逃跑了，怎么能怪它们呢？谁叫你让名利迷住了心窍，谁叫你一去三年不回转，让美丽的仰阿瑟在家里冷清清……"

太阳拿了弓和箭，要射猫头鹰。猫头鹰拍拍翅膀飞走了。太阳气得没办法，拔腿就往外面跑，他要去寻月亮和仰阿瑟。太阳走了很远，找了很久，还是没有找到月亮和仰阿瑟。有一天，太阳走到河边，看见鹭鸶和水鸭在河里洗澡，便问它们道："你们在这里洗澡，看见我的妻子没有？"鹭鸶和水鸭明明看见仰阿莎和月亮逃走了，就是不告诉他，说："我们不认得你的妻子。"

太阳叹了口气，继续朝前找。他走到一道田坎边，遇见乌龟在那里晒太阳，又问乌龟道："你在这里晒太阳，看见我的妻子没有？"乌龟直爽地答道："看是看见了，不过仰阿瑟爱上了月亮，月亮也爱上了仰阿瑟，你就找到了她，仰阿瑟也不会愿意再和你做一家。你还是不要去找了吧！去找也是白费力气。"太阳听了很生气，狠狠地踩了乌龟一脚。从此，乌龟就变得扁扁的了。

太阳气鼓鼓地继续朝前走，来到一个水塘边，遇见做生意的水獭。他又问水獭道："你天天做生意，走得宽，见得广，你可知道仰阿莎和月亮到哪里去了？你若告诉我，河里和塘里的鱼虾全归你。"贪财图利的水獭，一听说河里和塘里的鱼虾全归自己，就把仰阿瑟和月亮住的地方告诉了太阳："仰阿瑟和月亮在天涯海角安了家……"

太阳走呀走，太阳找呀找，走到了天涯，走到了海角，终于找到了仰阿瑟和月亮。太阳见了仰阿瑟和月亮，他举起刀来就要砍，张起弓来就要射。幸好仰阿瑟的哥哥记瑟看见了，他连忙抢走了太阳的刀，夺去了太阳的箭。仰阿瑟理直气壮，对太阳说："你一出去几年不回家，像绣花针落进水塘里，我找你找不见。我一年又一年把你等，一年又一年把你盼，砍倒的大树都已烂成泥，还是不见你回家。嫁男人是为了幸幸福福地生活在一起，谁知我嫁了你却还是那样孤单，倒不如在娘家当一辈子老姑娘。"仰阿瑟的话在理，讲得太阳哑口无言。太阳就是蛮横不讲理，气鼓鼓地硬要仰阿瑟和他一起回家。仰阿瑟却死活也不愿跟太阳回去，她愿意跟月亮在一起。太阳不服气，就请理老来讲道理。

理老把理片打得嗒嗒响，清清嗓子说了话："仰阿瑟和月亮是天生的一对，好比铜鼓配芦笙。他们两个相亲又相爱，怎么也不愿分离。你要仰阿瑟跟你走，除非铜鼓打不响，芦笙吹不响。还是叫他们赔你三船金，赔你三船银吧！"

太阳为了难住仰阿瑟和月亮，挖空心思对理老说："我家的金子能砌成墙，银子能筑田坎，我要金子做哪样？我要银子做哪样？要是月亮能找到两头有尾巴的水牛，两头有鬃毛的马，我就不要仰阿瑟了。"

哪里去找两头有尾巴的水牛？哪里去找两头有鬃毛的马？理老问乌鸦，乌鸦呱呱呱地叫着把话答："我虽飞得高，也走得远，可我只见过一头有尾巴的水牛，一头有鬃毛的马。"太阳以为难住了月亮，心里乐哈哈。可是，聪明的月亮想了想说："这个事好办，我找来给他。"月亮去拉了两头水牛来抵角（斗牛），就成了两头有尾巴的水牛。月亮牵了两匹马来相踢（斗马），就成了两头有鬃毛的马。

太阳没有难住仰阿瑟和月亮，仰阿瑟就嫁给了月亮。太阳没有了仰阿瑟，又生气，又害羞，为了不让别人看到他那害羞的脸，就射出万枚银针来刺人们的眼睛。从此以后，当人们睁着眼睛去看太阳的时候，就会被太阳放射出来的银针刺得眼花缭乱，看不清太阳的真面目。月亮勇敢英俊，走夜路也不怕，无论阴晴圆缺，人们都百看不厌。

仰阿瑟的故事，清水江沿河两岸苗族的村村寨寨，无人不闻、无人不晓。由于传说中的仰阿瑟不仅样貌出众、心善言甜、心灵手巧，且勇敢坚定，她女人躯、男儿志，做什么像什么，所以苗民爱给出生的姑娘取名为"仰欧"或"欧瑟"，"仰欧"的名字最多，几乎每一个苗寨都有姑娘叫这个名字。人们都希望自己的姑娘像仰欧瑟一样美丽、心灵手巧、勇敢坚定，能够找到一个情投意合的郎君。

二、榜香尤

榜香尤，传说故事较多，又名榜香尤、榜香由、扁香尤、香柳等，是男是女形象不一，褒贬也不一。

传说榜香由活了八千九百年，是世界上第一寿星，有的说活了一万多年，所以榜香由被视为长寿的象征，《榜香由》通常作为敬老祝寿的歌。但榜香由的形象在苗族人心里并不十分光彩，因为他偶然中偷听到天上后生跟凡间姑娘说："五月初五这天你到马桑树来摇树，我从天上丢'长生果'给你吃，你可长生不老，我俩永远幸福。"他就在那天抢先去摇马桑树，骗取了"长生果"吃，结果拆散了一对情人。他的长寿包含了年轻情侣的血泪，所以这支歌被视为《苗族古歌》中最气人的歌。《苗族大歌》（*Hxik hliob*）中说，苗族寿星扁香尤之所以能说会道是因为他换用了水牛的下巴。《寻牛歌》（*Vangs niaf*）也说，扁香尤给牛戴项圈，所以现今的水牛的颈子上有一道白色印记；《开亲歌》（*Hxik hkat*）说，扁香尤和牛一起去架桥才有了人类，因为这一缘故，现在很多苗族地方在二月二祭桥节时都不准用牛肉去祭桥。

　　清水江流域还有这样一个传说：榜香尤是女的，活了 120 岁。苗族人名连带父名，所以她名字可以分拆为榜香→香尤→尤劳（榜香尤不仅带父"香"字，还带公"尤"字，她的太公"劳"字），祖孙三代合为她的名字，也就是说她名字非常古老。

　　很久以前，因连续两三年天旱无雨，夏种无秋收，不知饿死了多少人，阿劳（榜香由的太公）的父亲也在这个时候死去了。5 月的一天，阿劳跟母亲到河边去洗衣服，妈妈洗衣，他在玩，在妈妈的洗衣棒槌上系一根线在河里拖上拖下，边拖嘴里边无意识地喊"咚咚哆，咚咚哆"，时隔不久，天就下起瓢泼大雨来了，娘儿俩回到家，身上已经湿透。从这之后，天顺人意，风调雨顺，人们播种有收，生活渐渐好了起来。由此，大家就像往常一样，该忙活路时就忙活路，过节时就凑在一起欢歌跳舞。在开心的时刻，大伙儿无不议论天送雨水与阿劳有关，是他在河边拖着棒槌喊"咚咚哆，咚咚哆"天才下起雨来。阿劳却说："我是划龙船后才下的雨。"大家也感到奇怪，划龙船?! 一个童子娃娃在河边划根木棒都能下雨，难道阿劳是天上的仙人下凡，才这样灵。你一言我一语，最后大家希望阿劳来年还是到河边去划木棒（龙船），保证天送雨来。阿劳立即说："不是我一个人划，要大家一起划才行。"就这样，从这一年起，大家砍来一根长长的粗木棒放在河边，每年五月初一这天大伙儿就坐在木棒上在河中划"龙船"，且边划边整齐地喊："咚咚哆，咚咚哆！"震耳欲聋的声音回荡在清水江两岸。

　　年复一年地这样划龙船，阿劳而今老了。他的儿子尤劳已经长大，众人推选尤劳来接替父亲，负责组织大家划龙船。尤劳觉得这样的独木龙船，大家坐起划用不上力，不便使劲，如果站起来划，用得上力肯定还快些。尤劳动脑筋思考着，一根独木让人站起来划还真站不稳，怎能划得快呢？左思右想，嗨，有了！如果把三根木头绑在一起，人在上面就站稳了，也好使劲划。他把自己的想法和大家一说，个个都说："是哩！是哩！"于是，大伙儿砍来三根长长的杉木，正在河边捆绑时，河面突起风来，河浪不由翻滚，只见一条巨蟒在河中由上而下慢慢游去，它头大尾小、两眼圆睁、周身鱼鳞片似的、长有五六丈许，众人看个透彻并惊呆良久。待大家回过神来，尤劳对大伙说："刚才大家见到河中的那条蛇，我们就把它当成龙，我们所做的龙船就像它那个样，头大尾小，身上也要带有鱼鳞片。"于是，大家又将在河岸处长得粗大的水柳树砍倒，把它雕刻成粗大带有鳞片的龙头，绑在三根杉树中间那根头上做头部，树尖顶就是尾部，像蛇那样的龙船才划。

连年划龙船，连年风调雨顺，连年五谷丰登。尤劳年岁已高，不能再像往年那样率领大家去划龙船了。他的儿子香尤已经长大成人，又经大家商议，还是要香尤继承父职。香尤往年看见大人们划的龙船都是实心的杉木，尽管人在上面船不沉于河底，然而非常笨重，划而不快。香尤心里想到竹子是空心的，放在水中吃水浅，但竹子再粗再长也没有杉树那样粗和长，承受不了这么多人在上面。不如把现在这三根独木龙船挖空、减少重量，划得就比原来快了。他把这个想法和大家一讲，大家也觉得很在理，这样就把三根独木龙船挖空了，绑好放在水里确实比原来吃水浅，人站在挖空两边的独木小船上划起来也比原来快。这样，独木龙船有了头和尾，比原来轻巧，划起来也快多了，而香尤还是认为这只龙船好像还缺了点什么，不够好看。有一天，香尤闲得无聊走到河边，见一头大水牯牛泡在河里洗澡，它的颈、身都淹在水里，只有头部及那一对宽大的牛角露出水面。这对牛角让香尤有所思，划的独木龙船如果在龙头上也安有一对似水牯牛角的龙角，这条龙的形象可能就更形象了。香尤把自己的想法给大家道出，个个无不赞同。后来，几个会木工的人砍来一棵弯树，锯成两半加工成一对比牛角还宽大的角，插在龙头眼上凿好的洞里。大家都说，这样比原来好看多了。

独木龙船基本成形了，但在划龙船时怎样营造声势，才能使划龙船的活动更热闹一些，这是大家思考的一个重要事情。正在大家琢磨不透时，一天晚上龙王托梦给一位百岁的老人：凡间人们不要心焦，营造这种声势的东西叫"鼓"和"锣"。这两样东西敲响后，声音悠长嘹亮。龙王把鼓、锣怎样制作一一讲清，且要老人牢记于心。百岁老人醒后，怀疑梦不一定真实，但他还是把制作鼓与锣的情节自言自语地叙述默记。第二天，他把所获梦事全盘说给大家听，香尤听后，惊喜万分，招来众人，重述百岁老人所梦之事，大家高兴万分。香尤按照老人的言传派人分头制作鼓和锣，不多日，鼓、锣分别制成了。敲鼓，"咚咚咚，咚咚咚"的声音震天动地；捶锣，"哆，哆"的声音荡漾山河。先敲鼓后捶锣，连贯起来——"咚哆哆，咚哆哆"之声响彻山川河谷。

又一年五月初一，要在龙船上敲锣敲鼓，推选谁来敲鼓、谁来敲锣呢？在议论这个事时，有一位老人说："鼓声要有号召力，既是香尤组织我们大家划龙船，就让他来敲鼓，就等于他来号召我们；至于敲锣，是随鼓声后敲的，随便找一个人都行，干脆就让香尤 12 岁的儿子金香来敲算了，父子俩才配合默契，大家看这样行不行。"经老人这么一说，大家都表示同意。这年划龙船活动吸引了来自四面八方的人观看，喝彩声连连不断，场面较之以往任何一年都要闹热。

然而，正是由于这水面上的独木龙船的鼓锣声，一阵阵的"咚，哆！""咚咚，哆！"，特别那由低到高、铿锵有力"咚，咚咚咚，咚，哆！"的声音，把水底沉睡的龙爷吵醒了，它翻身腾起想浮到河面看究竟是怎么回事。龙爷在水底翻身腾起之时，河面已经兴风作浪、潮水一时凶猛翻滚，大雾朦胧，水浪已把独木龙船掀翻河中。划龙船的水手们在水里护着龙船慢慢靠岸，清点人数后，大家才发现少了敲锣的金香，左等右等一直等到天黑，也不见金香浮出水面，香尤伤心至极。因为香尤家几代人都是划龙船的组织者，特别是阿劳，他划龙舟天送雨水，凡间才风调雨顺，五谷丰登。所以听到劳公的重孙金香不幸丢失的消息后，沿河各村各寨的理老、寨老们纷纷前来安慰香尤。安慰的同时这些理老、寨老们也帮香尤分析，金香有可能是被河底下的龙拖去吃了。香尤悲痛欲绝，他一心要为子报仇。金香落水死后的第二、三天，香尤带着杀牛的大刀只身扎进河塘底，到河底后，只见龙宫里的龙正酣然大睡，它的头还枕在自己儿子金香的身上。香尤见到此状，万分气愤，不由挥起大刀，把龙砍死了，由此，才有后来龙尸浮于水面漂到各处的故事。

儿子金香死后，香尤失魂落魄，饮食不佳，身体一天不如一天，加之年纪渐渐变大，对组织划龙船的事总没有过去那么热情了，所以他提出另选其他合适的人。沿河各村各寨的理老、寨老们也很同情香尤，但划龙船活动必须要有人来具体负责，否则这一活动就要失传了。经大家商议，虽然香尤的儿子金香死了，但他还有女儿榜香，这样的组织管理人必须要世袭，就让榜香承袭下去吧。大家的意见，让榜香不知如何是好，她静下心想了想，自己是一个女的，既然要世袭，只好接受。然后她说："为承袭家中长辈事宜，我接受各位的建议，但我只是宏观的总负责，以后各村各寨划龙船及其琐事由各村各寨的理老、寨老们具体负责，大家看这样行不行？"众人一致赞同，此后，划龙船的事由各寨自己操心去了，榜香就用不着有更多的担忧。

榜香虽然是个女的，但她有更大的抱负。安排各村各寨各行其是后，她把精力集中在如何收集民间流传的故事上。借到各村寨去了解视察各自的事务管理的机会，走访各地的理老、寨老以及知晓故事的人，不管他们讲什么就听什么，并用心记下来。天上的、地下的，宇宙人间，飞禽走兽，山水草木，人类社会变化等她都一一记在心上。有些一次、两次不能记在心里的，她要反复走访聆听重述。收集到这些故事后，榜香私下想，光我一个人知道这些故事不行，一旦我死后，那就失传了；要让更多的人都知道，也会说，特别是年轻人，要让他们都既知道也会说，这样才能一代一代传承下去。所以榜香把收集到的故事又走村串寨传教给很多人，特别是年轻人，同时也希望这些人继续传播下去。通过这种方式，一传十十传百，爱好听故事的人越来越多。

榜香不仅记忆力极强，而且思维敏捷、聪颖过人。通过走访村寨，讲述这些故事，她越来越觉得这些故事意义非常深刻，内容也十分丰富。而今她认为，虽有一些人和我自己都基本记下来了，但这么多这么长的故事，怎么让大多数人都能记下来呢。她想了又想，如果把这些故事编成既简短又顺口的歌谣，经常吟唱那肯定记得，而且记得越来越牢固。什么场合就唱什么样的歌，那不仅可以加深记忆，而且推广的范围更宽了。于是，榜香又召集各地懂故事的人，她把自己意思说了一遍，大家都说："这样当然很好，只是把所有故事的每句话改编成简短顺口的唱词出来，还是有一定的难度。"榜香见大家都表示赞同，只是畏惧困难，就给大家打气："事在人为，只要我们有恒心和信心，一个故事一个故事地编，总会编成的。"这样，榜香就让这一伙人吃住在她家，除开吃饭、睡觉，白天夜晚都在编歌。

不知熬过了多少个日日夜夜，在榜香60岁时，她与这一伙懂故事的人终于把所有的流传故事都编成了歌。这些歌分"金银歌""古枫歌""蝴蝶歌""洪水滔天""溯河西迁"5大类，分别为《开天辟地》（*Qid daib xit wax*）、《运金运银》（*Qiab jinb qiab niex*）、《打柱撑天》（*Tied dongs did hnab*）、《铸日造月》（*Dieb nab dangt dleit*）、《犁东耙西》（*Kab nangl kis jios*）、《枫木歌》（*Xis mangx daod*）等13首歌。在榜香60大寿之际，大家在祝她寿的同时，这一伙编歌的人两两吟唱，榜香和其他人听，觉得哪里不顺口、哪处不切义的提出修改意见，直至大家都认为顺畅了才确定通过。在榜香和苗族后人的不断吟唱和不断修改下，才形成了现在这些苗族古歌。

附录二　上梁唱祠吉语

福兮，福兮，
我从三个福兮来说起。
主家吉日立华堂，
上梁正遇紫微光。
我一不慌来二不忙，

两脚三步到中堂。

我用两眼来相看，

两壁云梯架中场，

华堂闪亮放金光。

主家请我来上梁，

祝贺富贵齐天长，

子孙温良恭俭让。

我现要把云梯上，

脚踏云梯一步一，

一举成名天下知；

脚踏云梯两步两，

代代儿孙登肩膀；

脚踏云梯三步三，

三元及第做高官；

脚踏云梯四步四，

一品将门福禄至；

脚踏云梯五步五，

儿孙孝道家添福；

脚踏云梯六步六，

禄位高升永扬名；

脚踏云梯七步七，

子孙儿女穿朝衣；

脚踏云梯八步八，

主家发棵又发芽；

脚踏云梯九步九，

九子登科多威武；

脚踏云梯十步十，

主家十全十美样样发；

上完十步到头穿，

主家儿孙做高官，

上完头穿到二穿，

儿孙官上又加官，

三穿四穿到梁头，

主家儿孙做公侯。

福兮一笔连三级，

东边师傅再说吉语。

　　上梁吉语各有不同，能唱的则唱，不能唱的表示几句吉言即可。现在起砖房，也有人这样唱。

福兮，福兮，

主家请我来上梁，

我两脚不停走忙忙；

走到中堂抬头望，

主家立的好华堂；

金砖也有银浆砌，

粉刷四方如银亮，

华灯高挂放红光。

（接着沿水泥阶梯上楼）

上一步万年兴，

二步千年发，

三步三元吉利，

四步四季发财，

五步五子登科，

六步禄位高升，

七步七儿中举，

八步八抬地位，

九步久久发新，

十步满堂福禄；

我上了一桄上二桄，

上了三桄到梁头，

儿子儿孙做公侯。

这里另录部分上梁吉语［刘永贤（龚生）老人摘录］。

其一：

左边立块金挑水，

右边立块银挑枋；

金打墒磴银打柱，

四根中柱定四方；

一进屋来二进厅，

三进四进走朝门；

五进六进做知府，

七进八进朝堂坐；

九进十进都督府，

日出东方喜洋洋；

贺庆主东立华堂，

日吉时良天地开张。

其二：

脚踩云梯步正高，

相公学堂书读好；

上一步万年兴，

两步千年发，

三步三元及第，

四步四季发财，

五步五子登科，

六步六位高升，

七步七儿中举，

八步八抬地位，

九步久久发兴，

十步满堂福禄；

上了一桔又一桔，

恭贺主家儿子儿孙做高官，

上了二桔到三桔，

上了三桔到梁头，

恭贺主家儿子儿孙做公侯。

其三：

上梁要说三字经，

人之初来性本善，

家有金银几万贯；

窦燕山来有义方，

家有金银用仓装；

教五子来名俱扬，

儿孙都是状元郎；

寓褒贬来言善恶，

先生就把五经说；

讲道德来说仁义，

吃杯酒来忍过去。

福祀一：

主东请我来抛粮，

两脚不停走忙忙，

宽容以教我慌忙；

一步走得宽，

《论语》二十篇；

二步走得雄，

好似《大学》与《中庸》；

三步走来云梯下，

又把云梯说根生；

一根檀香在山林，

鲁班弟子巧装成；

两边打起龙凤眼，

造就云梯上天庭。

福祀二：

我是鲁班舆亲身，

翻身一步坐梁身；

坐在梁头生贵子，

坐在梁尾贵子生；

只有梁腰我不坐，

主东坐起万代兴。

福祀三（这是上到天楼对梁木的赞词）：

此梁此梁，

生在何方，长在何处；

生在昆仑山前，

长在昆仑山后；

何人见它长，

何人见它生；

日月二宫见它生，

露水茫茫见它长；

张郎过路不敢砍，

李郎过路量了量；

鲁班骑马云中过，

得见此树放毫光；

弟子今日来砍倒，

将木砍来做栋梁；

梁头解得金鸡叫，

梁尾解得凤凰声；

斧子一到路成行，

一路奔斧金玉满堂，

刨子一到放了毫光；

众位亲戚来恭贺，

看定良辰上栋梁；

今日四句说过后，

主家富贵得久长。

福祀四：

观看主东喜庆多，

家有梧桐与梭罗；

山高水秀出举子，

六国贤人进士多；

这头看那头，

风吹燕子楼；

五色花红线，

仙人捉绣球；

富贵是他家，

果然说不差，

穿缎子件件穿罗纱；

马吃江边草，

鱼戏水面花，

四句说过后，

富贵享荣华。

福祀五：

新造华堂色色新，

主东竖向好衙门；

脚踏门庭似水流，

百世兴隆万世兴；

东有仓来西有库，

家有绫罗与绸布；

家有白银堆百斗，

拿来买马起高楼；

高楼起得万丈高，

富贵来到金屋绕；

粉墙粉得白如河，

赛过九州重庆阁；

今日四句说过后，

富贵荣华只见多。

福祀六：

日出东方太阳开，

家有金银并金台；

池中有水龙来戏，

梧桐引出凤凰来。

福祀七：

太阳出来绿盈盈，

照见主东竖华亭；

八字成成对雍壁，

五色云中现斗星；

走马云中天星现，

家中鹅鸭配麒麟。

福祀八：

太阳出来绿盈盈，
万古不朽永不奔；
富贵从此起，
荣华万代兴；
你们不可常常讲，
耽搁主东一功成；
只有古人说不尽，
富贵然后代代兴。

福祀九：

太阳出来绿盈盈，
四根玉柱顶栋梁；
正梁是那檀香木，
二梁是那樟檀香；
只有三梁无木砍，
就是紫木与柏杨。
三根栋梁正顶心，
恭贺主东好容身；
……

附录三　祭桥节传说

　　传说一：古时候，苗族有对夫妇，男的叫故包，女的叫务扁，夫妇俩勤劳忠厚，就是无儿女。一天，一只喜鹊在门前树上叫个不停，故包夫妇问喜鹊："喜鹊，你这么高兴，知不知道我夫妇的苦愁啊？"喜鹊回答："故包，你们夫妇只要给我缝件白色短袖袄，让我挡挡太阳光，我就告诉你们怎样会有娃崽。"故包、务扁说："喜鹊啊，只要能有娃崽，莫说缝一件短袖袄，就是一百件，我们也心甘情愿。"于是，务扁找来自己织好未染的土布，给喜鹊缝了一件白短袖袄，喜鹊非常高兴。为答谢故包夫妇，喜鹊就说："娃崽从天上到凡间，路上常常遇到溪河，因腿短过不来，你们只要二月初二到溪边小河去搭座桥，娃崽就会到你们家来。"夫妇照做后，果然得了娃娃。

　　传说二：从前有对夫妇，香卯香和丽卯丽，他们结婚多年一直没有生下孩子，故天天哭泣。燕子见后问他们哭啥，夫妇实话告诉了燕子，燕子说："我们在岩壁上筑窝，一年十二批崽（指的是燕子生出的蛋或孵出的小燕子）都叫青蛇吃了，如果让我们在你的屋檐下筑窝，我就告诉你生儿育女的诀窍。"夫妇俩说："你们来吧！"燕子继续说："孩子们腿短，路上小溪小河隔着，他们过不来，你夫妇去架桥，孩子们才会到你们家来。"夫妇听后照做了，第二年农历二月初二丽卯丽真的生了一个胖娃娃。

　　传说三：很久以前，大山深处的苗寨有一名叫仰欧色的漂亮姑娘，她与天上略那（月亮）结为夫妻。他俩婚后多年没有生育儿女，尽管二人相亲相爱，但无儿无女，总感到寂寞和忧愁。有一天晚上，送子娘娘托梦给仰欧色，要他们在二月初二去架桥，就可以生儿育女。有歌唱道："回头看古时，是谁先架桥？略那仰欧色，他们配成双，他们配成对。过了九重河，遇着一神仙，神仙劝他俩，你俩莫要愁，坳上三根杉，是姜央栽的，回去把它砍，用它来架桥。三根排排架，一头靠那山，一头靠水龙，当天就架好，儿女过得来。略那仰欧色，砍倒三根杉，架好那座桥。说来也凑巧，来年二月二，生了一男孩，长得胖嘟嘟。杀猪来祭桥，杀鸡鸭祭桥，还煮鸭蛋祭。米酒一大坛，烧香烧纸祭。就从那时起，苗家代代传，每逢二月二，家家来架桥，户户来祭桥。"

附录四 鼎罐亮，妇人样

"鼎罐亮，妇人样"是清水江河边苗民常讲的一句俗语，意思是说，苗族人家哪家鼎罐擦得亮，那主妇肯定讲卫生、爱干净。是的，20世纪七八十年代以前如果走到清水江边苗族人家，虽然见不到什么摆设，但映入眼帘的便是碗柜、碗柜下的鼎罐及碗柜旁的板壁。

鼎罐是铁锅厂家用钢铁煅烧溶于鼎罐模具生产的，鼎罐有大有小，一般用来烧水、煮饭、煮菜等。鼎罐有两种形状，一种是直桶形鼎罐（Beit dlaox），鼎罐盖是平的，揭开手柄在鼎罐盖边。另一种是相对较扁的南瓜形鼎罐（Beit dlaox），鼎罐盖稍凸，在鼎罐盖上中间留有两个眼子穿上铁丝便是手提揭开处。两种形状的鼎罐都由两个部分组成，下部分都是倒圆锥形，直桶形鼎罐上部分是圆柱形，相接处外有四个眼，有固定铁丝手提（Dlaox senb，也叫 Senb dlaox），同样，南瓜形鼎罐也系有固定铁丝手提（Dlaox senb），下部分仍是倒圆锥形，而上部分则是边缘稍凸的圆台形。

直桶形鼎罐

在清水江苗族人家，直桶形鼎罐较小的用来热水洗脸洗脚，人口较多的家庭用较大的来煮饭，南瓜形鼎罐用于煮酸汤菜（基本每天离不开）。苗家妇女一般在每天早上煮好饭菜后，都要把烧水、煮饭、煮菜的鼎罐（直桶形鼎罐直桶部分，南瓜形鼎罐圆台形部分）端到大门外来擦洗干净。柴火的熏烟不易擦净，在没有钢丝球的年代，妇女们自用稻草搓编成比牛犁田的牛千钧还小的稻草疙瘩先干搓，再沾水和火坑灰擦洗，后用帕子湿水清洗抹干，同时也用湿帕子扭干将鼎罐盖抹净。日复一日，久而久之，能见鼎罐部分（即圆柱形和凸圆台形部分）锃光瓦亮。把鼎罐擦抹净后端到屋里，也要把碗柜上层的两扇门、碗柜旁的板壁及碗柜无门的低层锅摆圈抹好，才能搁放鼎罐上去。

在平地营苗寨，杨婆张氏（务板贵）、姜婆张氏（务报江）、张婆刘氏（务九往）等几位老人，她们虽然早已离开人世，但她们拾掇家中，特别擦抹得碗柜下的鼎罐尤其锃亮的事，让寨里至今已上了年纪的男女时常谈论。她们这几位老人，在世时家中不仅锅、碗、瓢、盆收拾有序，持家理事也非常爽利。笔者幼小时，经常见到她们家干干净净，屋内干净整洁，生产生活用具摆放得井然有序。在那个年代，不管哪家，衣服必然是补丁摞补丁，她们家虽然也是这样，但全家老小身上的衣裤都干净、整洁。受她们的影响，她们这几家的儿媳，都能以老一代的言传身教传给孙媳，晚辈媳妇们在这个年代不需像过去那样天天擦洗鼎罐，但家务料理得干净利索，对婆婆、公公也非常孝顺。

正因为如此，苗族的"鼎罐亮，妇人样"把鼎罐比做女人，比做母亲。

黔东南苗族分河边苗和高坡苗，语音基本接近，但对有些事物称谓不同。就鼎罐而言，河边苗称 Lab dlaox，而高坡苗称 Lab mux。也就是说河边苗在心理上把鼎罐比作母亲，经常清洗母亲，让母亲越来越靓丽；高坡苗也许早已把鼎罐当成母亲才直接称 Lab mux，增进感情。

俗话说："外有一个刮刮，内必有一把好刷刷。"可见，一个女人对一个家庭而言作用之大。有古歌为证——

Dleil said hxied neif xiat,	进屋看甑脚和甑子，
Ghangb dlaox wil nuof jiot,	见鼎罐锅子已识别，
Tongb lax dongl nuof xiat,	懒女不洁像穷户，
Dlab lax jiel nuof vut.	勤妇拾掇似富家。

更有俗语——

Meis hux dab jiangx wangx,	娘会（针线）崽像王子，
Meis dlongl dab ghab dliax.	娘笨崽穿着就不如别人。

附录五　人事杂记

从过去到现在，平地营在外面世界有影响的人物确实少之又少，但享誉村寨的人也不少。

吴定光（龙讲），在中华人民共和国成立前是施洞附近一带较有名气的教书先生，擅长古书贤文，写得一手好毛笔字。曾在台江革一岑孝、施秉六合平扒、本地江西街会馆等处教过私塾。在平扒教书时，不仅是教员，而且还是校长。因家庭、年龄等诸多原因，中华人民共和国快成立时离教回家。20世纪80年代初于家中仙逝，享年82岁。

刘昌伦（来久），与吴先生属同代人。知书识礼，善言辞，多计谋，可算本地一个地道的说客。本地有事或闹纠纷、矛盾的，只要请到他老人家，一般都能摆平。因家庭殷实，加之本人又有文化，民国年间任过六合乡第四保（本保）保长，为培养本地学子，在自家粮仓首创私塾并教书多年，后与其侄子刘永贤又到平扒教书，因病于20世纪40年代末期仙逝于家中，享年

50 岁。

张有光（引巴），与吴定光、刘昌伦同属一代人，民国年间在本保内理过事。略有文化，据说擅长苗族巫术。20 世纪 60 年代末仙逝于家中。

刘永贤，在本寨读完私塾，又到江西街会馆、施洞读了 6 年公学，后考取黄平县初级中学，毕业后，投考贵州省地方县行政人员训练所第一期结业，奉命在炉山兵役科、麻江合作金库、施秉金钟乡等处工作。1942 年考入台江、施秉、镇远、余庆四县联办"简易师范"，未毕业，经吴定光老先生介绍，到六合平扒教了两三年书，并任该校校长。经六合乡乡长、本房族长辈刘昌寿介绍，又在六合乡、施洞镇任经济干事直至 1949 年。刘永贤回家后，作为本寨唯一的秀才，寨里每遇红白喜事书理事务非请他不可。2006 年在家中仙逝，享年 90 岁。

杨光华（五兄），中华人民共和国成立初期就到六合贵科教书，后一直在那里从教并在该地安家立业至退休，退休后落叶归根，全家返回平地营，2005 年在平地营仙逝。

张元焕（火生醒），同杨光华一样，中华人民共和国成立初期开始，先后在翁西、花山、老县、大冲、江西街、江元哨等地从教，20 世纪 80 年代初，被县教育局聘为马号中心小学教师及马号乡农教专职干部直至退休，1996 年仙逝于家中。

在本寨教育前辈的影响和栽培下，特别是在张元焕老师的引荐之下，杨光豪、杨光明（火伟）、张正德（和银）几位从事民办教育、担任代课教师教学多年。杨光豪还由民办转为了公办，相继在江西街、老县、巴团等小学任教，2004 年光荣退休。

杨光明在马号乡杨家湾小学工作十余年，闲时爱临摹本寨吴定光老先生手迹，有较好的软笔书法功底。张正德于 20 世纪 60 年代中期毕业于毕节高中，先后在双井花山、马号江西街等小学任代课教师，软硬笔功底较好。

前辈教书育人，平地营后继有人，刘永达、刘跃明、张成勋（和伟）、张乾才都从事教师工作。张成勋做了多年民办教师，后转为公办，今已光荣退休。刘永达、刘跃明由于诸多原因虽中途离开教师岗位, 而今 60 岁后二人也享受党和政府的民办教师生活补贴。张乾才通过努力, 相继工作于江西街小学、施秉县教育局教研室、县直机关党 (工) 委、县政府办、县政协智力支边办; 先从教, 后进入公务员系统, 最后以享受副处级待遇于 2016 年退休, 现居住在施秉县城。另有张乾德 (龙水), 从小立志教书育人, 初中毕业考入本县师范, 毕业时分到马号, 相继在楼寨、老县、江元哨、翁塘、板屯教学, 今仍在翁塘小学教书。

平地营教书育人的接力棒一代传一代。张元贵 (满保)、刘景生 (井水)、刘明 (红安莫)、张乾 (贵林) 四位青年从凯里学院毕业后, 除刘景生仍坚守在镇远羊场中学执教外, 其余都换了环境, 刘明由双井平寨小学调到马号小学, 今又被借调到县教育局; 张元贵由马溪中学借调到县一中, 今调到县二中; 张乾由三穗县瓦寨中学调台江县, 改行后, 今在县农业局任局办公室主任。还有贵州大学中文系毕业的刘宗华 (龙华荣), 作为特岗生分到双井中学, 刚入校报到, 就被县教育局抽回, 后又被县委、县政府两办借用, 今已硕士研究生毕业并正式考取清镇的公务员。

到 2019 年, 尚在贵州民族大学、财经大学、师范大学、中医大学等院校就读的还有 8 人。

平地营犹如一块贫瘠的苗圃, 在阳光雨露的滋润下, 也孕育着一棵棵稚嫩的幼苗。除上述从教园丁和正在就读的大学生外, 在其他方面也还有一些较有影响的前辈和同辈。

张丙荣 (毛翁), 年轻时善交际, 朋友多, 身怀武功。光绪末年, 得到台拱 (现台江县) 官府厚爱, 聘为瓜南西赶集场的契税官。施洞码头建成赶集场后, 又与施洞刘姓共为施洞赶集场收取契税官。张丙荣在施洞一带人见人熟, 名噪一时。然而, 由于他生性好赌, 在平地营自家开有赌场, 常有赌友聚于家中豪赌, 本人所收契税也挥霍一空, 为逃赌债, 宣统年间外逃, 后一直杳无音信。

张丙荣离家出走时张正祥 (荣毛) 才 9 个月。也许是遗传, 张正祥 12

岁时听叔父说，他的父亲张丙荣在榕江经商，因而单身前往榕江寻父，但无着落。为寻父亲一直闯荡江湖，走南闯北。青年时代曾在广西柳州、湖南洪江和贵州镇远等地拥有自己的工作坊和店铺，当时在施洞附近是个风云人物；清水江、都柳江、舞阳河、洞庭湖，无不留有他驾船经商的足迹。1949年后辞商归田。他不算博学，但记忆力极强，常在寨内摆谈《三国演义》《水浒传》中的故事。1994年88岁高龄时仙逝于家中。

20世纪50年代，杨光富（长土）、姜世新、杨通德（报昂）、张元福是我国第一批抗美援朝志愿军人。

杨光富由朝鲜返回国内，转业黑龙江省虎林县854农场工作，1957年返家携妻室北上，长期安居虎林，较长时间任农场党支部书记。1988年到60岁退休，由于工作踏实、有经验，延长至1992年退休。2009年仙逝于虎林，享年81岁。现后人还在黑龙江省虎林县。

姜世新由朝鲜返回国内转业石家庄工作，并在石家庄安家立业，20世纪60年代初，带妻室儿女调回镇远，任镇远县粮食局局长直至退休。1993年仙逝于镇远。现后人仍居住在镇远。

杨通德抗美援朝结束回家务农，任过村领导干部，21世纪初仙逝于家中。

张元福抗美援朝结束回家务农，几年前开始享受国家生活补助。

除了这四位抗美援朝志愿军人，寨里还有一些值得一书的风云人物。

王文昌，20世纪50年代毕业于四川省地质学校，后在四川地质局工作，并在四川成家立业，一生献身地质事业，退休后全家定居峨眉山市。2013年仙逝，享年81岁。

张正森（保桑），20世纪50年代中期毕业于贵州民族学院中专班，先后在施秉县公交局、县车队、县司法局等单位工作，中级律师职称，退休后返回家中定居。2004年仙逝于家中，享年71岁。

姜世德，年轻时被六枝矿务局录用，多年从事矿务后勤工作，20世纪70年代携妻室儿女到六枝，退休后全家定居六枝。2017年仙逝，葬于施秉，享年81岁。

刘永贵，20 世纪 60 年代被聘为马号公社水利辅导员，20 世纪 70 年代末转为正式员工，调县水利局工作，后调县农业局水产站。现已退休，全家居住在施秉城关。

张元仁（水火），集体时期曾是本寨会计，在寨内算是多才多艺的人才，也曾任本江西街村赤脚医生。

姜再花（明花发，姜世德之女），1988 年贵州省林校毕业后分到施秉，工作后通过自修获得大学本科文凭，曾任县林业局副局长、马溪乡科技副乡长、县民政局副局长、县妇联副主席、县政协经科文卫主任，退居二线后现仍在县政协工作。

附录六　名人轶事

一、刘永贤先生

刘永贤，苗名龚生。生于民国五年（1916 年）3 月 4 日，幼时读过私塾、小学，17 岁考入筑城讲习所受训 6 个月结业，继之考入黄平中学就读，后到施秉、黄平、余庆、台江四县联立简易师范继续深造。是平地营当时读书时间最长、知识功底最为深厚的一位先生。摘录刘永贤部分文字于后。

余生于民国五年三月四日，祖籍江西，入黔，年远代湮，难于稽考作详赘述。家居施秉县六合乡第四保平地营，村居三四十户聚杂姓而居，甚和睦。村居之地南田连千百，东镇虎山西清江河，北钟山。左园而右圃，当夫日出而万卉争妍，月上而群范摇影，风景清幽，供人赏玩，此村中朝暮之景也。至若兰草报春，荷池消夏，秋菊傲霜，冬梅带雪……家庭：余之家庭老屋数间，既非奇观壮丽。不过爱之清洁，日常洒扫，客之堪差小住而已。严父于二十年夏逝世，慈母古稀，乌乌之私，终难离于膝下……家业薄田十余亩，副业小商为助，勤俭持家，自耕自食，堪供糊口。经历：八岁入私塾诵读四书，十六岁负笈拔茅堡张辰伯先生止园学校就学一年，授之作文作诗，受严格之熏陶，始得发眈启聩。十七岁偕友上筑投考地方自治讲习所受训六月结业回家，助父经商。适值黄平中学招考，余来报名投考，幸得取录，从初中三年之课，普通各科，略有心得，正好深造。遽焉家父不肯培植，无法联步升阶，学之不充，至今方知"书到用时方恨少"之句……中学毕业后，经商年余，上贵阳下洪江，届计十余次，二十二岁赴筑投考贵州省地方县行政人员训练所，第一期兵役科员组结业，奉派炉山县政府兵役科工作一年。二十三岁改弦投考农本局第四届业务人员训练班，毕业奉派麻江县合作金库为营业员内勤工作，助办会计缮日报表存款等项，外勤工作常下农村组织合作社，宣传事宜。历半年余，旋奉调施秉县合作金库工作。束装遄返路过黄平，遇见军事科长萧同柏先生，畅谈一时，挽留于县政府任军事科员……阅时两年。（后）奉（本）县座令委调充金钟乡乡长……

——《自传》

现在我们生在二十世纪的时代，正好是加紧读书。因为学问是不可一时成功的，日日都要努力研究学业才有进步，学业果有进步在校里就可称为好学生了。我入校以来，对于先生所规定的规则，惟有遵从，其余校的课程我便随时都要整理好、收拾完美、坐处清洁……我从进了学校之后心中也不欲想混过光阴，决心努力功书学业，欲求精进一一做到。

——《怎样做一个好学生》

人生在世都应该孝顺父母。小的时候不晓得吃，母亲拿给我们吃，提携保护，嘘寒问暖，费了千辛万苦才将我们抚养长大。父母的深恩，我们为子女的切莫忘记，当要想法报答，能孝父母就是报了亲恩。父母到老的时候做不到的事情我们看见就要去做，找不到吃我们去找来给他们食，并且要欢乐父母的身心，顺从父母之意志，这才是孝顺父母的人子……

——《人子应该孝顺父母》

明媚的春天，缓缓地到了，我约了几个亲爱的同学到野外去游玩。野外的春色，是多么的美妙可爱！青葱的草儿铺在地上，好像一条青毛毯子；蝶儿对对双双在那馥郁的花丛里飞舞留恋；树木发着青绿枝芽，现出活泼的生气；竹子（弯着头）被风吹得软绵绵，十分有趣；山上田野的桃花，好像女人的花裙，鸟儿唱着抑扬的歌实在好听；杨柳绿的枝条随风拂着澄清的池水，几双斑斓的野鸭，自由地浮在水中央。啊！这些青的山，绿的水，含苞待放的花儿，把春光点缀得非常美丽。田中的农人，他们手中拿着一把青秧一丛一丛地插着；牧童骑在牛背上，唱着很好听的歌。我们一路走去，觉得很愉快，见那一丝丝的杨柳，垂头弯腰的在溪畔，被风吹得袅袅飘摇；黄莺停在树梢上，唱着清脆有韵的歌，真是好听的歌调啊！当时，天空浮着几片白云，那黄金色的太阳温和地照射着我们，更有融和的爽风徐徐地吹来，真使我们愉快极了。这使我回忆起严冬的可怕，我们冷得不能够做事。现在目睹这明媚的春光，让我有个感想，我们要在这样好的天气里，努力读书，努力用功，千万不要荒废了这宝贵的光阴才好。

——《春天的野外》

求学之道，不进则退，非真退也，人进而我不进，乃见为退耳，欲求进步，惟在用心。果能日日用心，则一日有一日之进步，事事用心，则一事有一事之进步，犹此积累，而所学未之能胜人者，吾不信也。不观孟子乎，感断机子之训，而奋斗求学，卒成大贤，用心者，亦如似而矣，吾人勉力追焉也哉。

——《进步说》

韶华易去，易去而难来也，人苟识其难来。光阴不贵自惜乎，稽古大禹之惜寸阴，不惜尺玉，于已知光阴当自爱惜，知光阴之不容不自爱惜也。惜寸阴之外，不愈有惜阴哉，愈有惜阴。寸阴故在自惜，分阴不可不惜，如不惜其分阴，陶侃何曰，吾人当惜今阴。以陶侃之惜分阴，较大禹之惜寸阴，寸阴之惜，不如分阴之惜矣。惜阴者，尤有惜阴，岂不一息尚存耶。惟其一息尚存，其志不容稍懈奋于功修，不亦进而止与，依而不舍，向而不背，法夏禹之惜阴，法陶侃之惜阴，吾辈须当惜阴，古之自明惜阴，今之当自爱于惜阴。

——《说惜光阴》

刘老先生的心得随笔还有很多，因纸质腐烂很难辨认，仅摘以上几则。这里需要说明一点，由于刘先生的心得随笔作于民国年间，原文为繁体字，时间已久，加之所用纸为毛边纸，字迹模糊或损缺之处是按上下文内容来衔接的，难免有失原意。

二、张元焕老师[①]

张元焕老师在寨上是我的本族长辈，我称他为堂伯。他在家是独子，被父母视为心肝宝贝，由于父母深受没有文化的苦头，尽管家境不算富裕，二老也尽力让张元焕读过几年私塾。张元焕还算争气，私塾读完，新中国成立初期，经自己的先生吴定光老师介绍，在本地当过几年教书先生。后来为充实国家教师队伍，相继到过翁西、花山、老县、大冲、江西街、江元哨等小学教书，1981 年被县教育局聘为马号乡农教专职员，直至退休。

张老师热爱教育事业，对党忠诚，为培养祖国的花朵无私地奉献了自己的一生。

1963 年秋季，我已经到江西街小学（江西会馆）读书了，正遇学校改造。可能是张元焕老师负责改造的后勤工作，他天天上上下下走村串寨购买木料、请木匠师傅装修校舍；装修过程中，他严格要求木匠师傅把好质量关，并要求木匠师傅尽量节省用料，为学校节省开支。只见他忙得和那些师傅一样，整天将脸帕搭在肩上揩汗。

---

① 此部分内容为张乾才忆述。

因我启蒙那年脚遇伤疾休学一年，第二年重读时是张老师教我们语文。那时的语文没有拼音，张老师只教我们认读汉字。每教一课，还要求我们能默写。记得第一篇课文是《毛主席万岁!》，因字数少，教过几遍学生都能够读，听他讲解也能懂其意，但很多学生就是不会写字，我也如此。在那时，初入学的我们，并不是写字，而是在画字，字还是东倒西歪的。常言说，教牛犁田，半天工夫会转头。而教初入学的娃娃学写字，又是面对二三十个甚至更多人，实在难为老师了。但张老师很有耐心，一笔一画地教，逐一进行辅导，用他的大手握着我们的小手慢慢地写，直至大家学会。

虽然张老师不是师范生，但他不仅能教我们语文，而且还能教音乐、美术等其他副科。当时在我们看来，张老师已是个小老头，但有事无事常听他在哼歌，且嗓子很好。正因这样，他还是全校的音乐老师。本寨当时 10 余个学生与他一起到校或放学回家，他起头领唱，我们跟着唱。至今上学、回家路上那幼嫩的歌声还不时在我心中回荡。

在我进入四年级时，张老师调到江元哨小学去了，但他每个星期都回家来提米拿菜。当遇到我时都还会问起我的学习，经常鼓励和关心我的成长。我考取初中，入学通知书是他拿到家里的，考取高中，同样也是他暑假到县里集中学习回来路过双井中学带到家中的。高中毕业后，母校——江西街小学正缺老师，有张老师及本寨杨光豪老师的极力推荐，我终于走进了民办教师队伍。也正是受张老师他们的熏染，做了两年多的民办教师后，我考取了本县师范学校。

我任民办教师时，虽和前辈张老师在不同的学校，但在同一个公社。那时马号公社中心校经常集中老师开会学习，所以时常聆听到张老师的很多有趣又非常有意义的故事，让人感受至深。

至今难以忘记，张老师对我说的一件事。他调到江元哨小学教书后，有一次，他挑着担子，一头是 10 来斤米，一头是一大捆菜，在由家赶回学校走到马号上面的公路上，那时正是 20 世纪 70 年代初期，修建湘黔铁路运送物资的车辆比较多，走在公路上不知有多少车超他而过。那次，也是一辆货运汽车靠近他时，按上喇叭，突然停下，驾驶室里的司机打开车门下来，走到他跟前："张老师，您挑这一挑东西走哪里去，我送您一程。"张老师定睛一看，原来是他解放初期在花山教书时的一名学生。这名学生将张老师的米、菜放车上，并喊驾驶室副座的女人到车厢上坐，让张老师坐进驾驶室里。同车的路上，张老师问那位女人是谁，学生回答是自己的爱人，乘便车回家。张老师一听，立马如坐针毡，心里感到十分难受，便责怪起学生来。对这一件事，张老师确实觉得愧对学生的爱人，在自己内心里，总是过意不去。另外，也从这一件事让他更感到作为老师的自豪——老师真的受人尊敬，让人爱戴。

另外，我还在张老师的老同事、我的老师龙麟老校长《星光岁月（回忆录）》中的《老同事张老师"二三事"》一文中，知道张老师为人耿直、敢作敢为，且有时还很幽默，是龙麟校长不可多得的好同事、好朋友。

作为人民教师的张元焕老师，既严肃又活泼，他也非常幽默风趣。在大冲小学教书时，一个星期天的下午，在校旁见到五六个男学生每人提着一长串的鱼鳅，张老师当即问："你们去哪里捉得这么多小蛇，不怕啊？"实际上张老师是想让学生送几条炒来下酒，学生不知老师的意思就说："不是蛇，是鱼鳅，炒来好吃得很。""是这样啊？！那你们送我几条来炒炒看好不好吃。"张老师有意套学生的心意，听老师这样一说，学生们你两条、我三条送给了老师，那天下午张老师用干辣椒爆炒这些鱼鳅，加上二两酒美美地享受了一餐。第二天课余，他买来很多水果糖对那几个学生及其在场的同学说："昨天你们给老师的鱼鳅真的很好吃，老师谢谢你们，这些水果糖你们每人分几颗吃。"他教会同学们要懂得分享，进一步增进了师生的情感，培养了学生好好学习、积极向上的健康思想。

张老师很知足，也很善解人意。他的子女较多，有五子一女，集体时期，子女还小，抢工分吃饭主要靠老伴一人，因而连年补红。所以老伴常常埋怨他，说他虽有几个工资，家里吃、穿都不如别人，更不要说和在家做副业的家庭比了。他却轻言细语地安慰老伴："我知道你一人在家做活路还要照管这些孩子是够辛苦的，我又帮不到你的忙，你谅解我这个既为夫又为父不如别人的男人，累了就适当休息，每年补这点红我来负责；另外，不要和别人攀比，人各是各的样，人家累嘛，应该吃干吞咸的，我的活路清闲，我们喝淡吃稀一点，过得去就行了。"老伴嘴里只是"懒牛好把尾，懒人好把嘴"也无话可答了。

尽管子女较多，但张老师很注重对子女的教育和培养。老大、老二是高小生，因为体贴家庭和父母，小学未毕业就回家参加劳动了；老三、老五、老六都是初中毕业；老四是姑娘，张老师在平地营苗寨还开了先河，第一个让自己的姑娘上学，这一举动带动左邻右舍，大家纷纷让姑娘进学校读书。老大要聪明好学一些，回家参加劳动之余，还爱好萧、笛、二胡等，有空时就抱起书本看。张老师的老伴总是见不得，一看到老大这样就指责："和你们爸爸一样，回家劳动不像劳动，都想偷懒。"此时，张老师总是漫不经心地解释："娃儿喜欢这些，不是坏事，你就让他们玩一会吧。"

也难怪老伴埋怨，张老师在外教书，家中一点忙都帮不上，星期天到家，像个客似的，歇一宿就赶回学校了。后来，他被县教育局聘为马号乡从事农教专干，经常见他走村串寨督促扫盲夜校老师辅导学员，平时还整理扫盲材料。我在教研室工作时，经常听到县教育局农教股的同志对他的赞赏，说他做农教工作兢兢业业，肯负责，干劲大，每年下达的扫盲任务都能认真地完成。

张老师已经走了，走完了他76个春夏秋冬的人生旅程。但他那温暖的手握着我的小手写字，乡村上学放学小路上领着我们小孩唱歌，他的音容笑貌，仍历历在目。

张元焕，作为老师，您为人处世永远是我学习的榜样；作为堂伯，晚辈的我为您骄傲和自豪！

附录七　风物志

一、皂角树 [①]

　　说到平地营，如果您已知天命，是邻寨的人，或曾经到过平地营多次，肯定就会记起平地营寨口那棵皂角树。

　　"Baox laox vut lab vangl，dlengx dlengx lius lab niol，ob sangt lix ob dangl，dout saok guf mangl vangl……"（平地营是个好地方，圆圆像个鼓，寨边两坝田，皂树陪寨旁……）这是童年时赞美自己寨子的苗语歌谣，平地营寨子不大，仅近百户人家，居住比较密集，呈四级阶梯形状，屋檐紧靠屋檐；一条纵向干道串两条平行的寨内巷道，犹如"干"字型。横穿的巷道口即寨子门口，那棵已有百余年历史的皂角树就在这里。

　　这棵皂角树有三个人手拉手都抱不着的树干，入夏枝叶繁茂，远视有如一把高大的雨伞，俨然是寨口一位永久不离开岗位的保护神。隔皂角树六七米处的路坎上，还有一棵杏树，距皂角树与杏树均为 6 米左右的东边还有一棵柏树。

　　曾记得，那时寨人在皂角树旁及杏树间安有四个四方杉木长凳，供上下施洞赶集的行人或寨人驻足歇凉。特别是盛夏，火辣辣的太阳照射下来，这里是一处不可多得的阴凉处。寨子里上了年纪的老人不时在这里歇凉，有时摆上四方桌，搬来椅子打点点红，年轻人玩扑克牌。小孩子经常在这里捡子、放地雷公、打陀螺。入夜，在周围玩捉迷藏、老鹰捉小鸡、打泥巴仗。

　　据传，这棵皂角树是我的祖父辈们小的时候，在二月初二到杨家湾祭桥（我家祖上有一座桥在那里，我等兄弟五六年前才购置两块预制板重新安上）时挖来的树苗移栽在这里的。皂角树周围，原来寨人一直称 Baos liangx diol

---

　　[①]　此部分内容为张乾才忆述。

（乘凉的地方），自皂角树长大后，"Baos liangx diol"的称呼已被人们遗忘，取而代之叫皂角树根脚。

在家乡人看来，皂角树作用很大。树长大后可砍来做糍粑槽，或锯成一截一截的来做砧板。在没有肥皂、洗衣粉的时候，皂荚果（皂角）成熟后捶烂可当肥皂、洗衣粉洗衣物，妇女常以此洗头发。特别将皂荚果里的皂角仁剥出，晒干后又熬成浆可供苗族妇女浆薄绸绣花，同时替代蜂蜡引线刺绣。

本寨这棵皂角树，过去每年入秋，满树的皂荚果熟透了，寨人举杆上树摘打皂荚果，按户头分，少的年头每户也得一撮箕，多的年头，可得到两三撮箕。女儿多的人家，皂角留着自用，无女儿的家庭一般都挑到施洞市场上去卖。平地营的皂荚果里皂角仁又糯又柔软，很得赶集的妇女们的青睐，只要平地营的皂角一到市场，就必然一抢而空。

这棵皂角树不仅被视为风景树，也带给寨人实惠，所以被视为神树。逢年过节，有一些寨人总要带一些祭品（酒、肉、饭之类）摆在树根脚，然后烧香烧纸作揖磕头，甚至有时还挂上红布，虔诚地祈求古树保佑家人四季平安。同样，有些家庭小孩不乖、晚上睡得不太安宁，大人也要到树根脚去烧点香纸作揖，然后在树上贴有一张比巴掌稍大的红、黄或绿纸条，上面写有"天皇皇，地黄黄，家中有个夜哭郎，君子路过念一遍，一觉睡到大天光"等类似字样，据说这样一两天后，小孩真的就不吵夜了。皂角树确实像保护神一样，时时都保护着寨里的人。

这棵皂角树既是保护神，有时又似严厉的执法长官，寨里只要有触犯寨规民约的人，没有发现则罢，一旦被发现揪出，就要被捆绑或吊在皂角树根脚，让树神把他看管起来。

而今，皂角树老了，不知是水分养料不足还是其他什么原因，十多年前已经枯死。那棵杏树虽说树龄没有皂角树长，但也在皂角树走后相随而去——也枯死了！

二、金钟山

金钟山（Baos huox xiangt，和尚住的山头），现在山顶上还残存庙宇。它位于施秉县南部马号镇、清水江北岸，距县城 47 公里。据《镇远府志》载："金钟山：离城五里，高数百仞，俨若垂天之云。"旧时施秉第一座县城设在清水江北岸的平地营苗寨，所以"离城五里"这与史实基本相符。

金钟山，北倚山势雄伟、绵延起伏的鼓楼似山脉，南靠滔滔东流的清水江，主峰就像一块直刺苍穹的巨石，呈红褐色，通体不毛，四面如削，拔地通天。主峰海拔 977 米，峰顶有亩余的平台，曾几何时这里是香烟缭绕的和尚庙宇，到 20 世纪 60 年代已经被拆除（部分砖瓦由当时江西街小学师生挑抬去做建校之用），今只是留有遗迹；庙宇旁有一口水井，虽冒水不大但长年不断，真可谓"山高水高"。正因这样，以前庙宇内的和尚才能生活。它的四周长有几株碗口粗细的皂角树和茂盛的细竹林。

传说很久很久以前，清水江发特大洪水，把施洞附近沿河两岸村寨都淹没了，几天几夜的暴雨，汹涌澎湃、奔腾不息的河流，也把房屋、田土冲走不少。当清水江水位提高到半山腰处，此时镇远舞阳河也暴洪成灾，由于它的水位高，其阴河支流也从地下流入清水江，当流到楼寨、龙颈等处被猛涨的清水江洪水截堵。阴河强劲的冲力，使施洞附近沿河两岸、巴团以东、楼寨至龙颈一带变成一片汪洋。水潮慢慢退去后，山峦起伏，特别是让人叹为观止的金钟山出现在人们眼前。

传说有只金猪，这只金猪是无价之宝，如果谁能猎获，那可是享不尽的荣发富贵，所以，过去人们称之为金猪山。后来人们看这座山酷似金钟，由此金猪山改为"金钟山"，其名直呼至今。

关于金钟山，在清水江两岸的苗族民间还有一个传说。说是古时候，一群苗民从遥远的东方来，他们爬过九十九座山，跨过八十一条河。男人们为了开路，身佩利剑长枪，嘴里还吹着芦笙在前行，女人携儿带女随后跟着，一路星夜赶程。有一家女人和小孩走到石洞（位置是现在马号镇沙湾寨岩壁处，传说洞里有一石猪，石猪变成猪精后经常出来伤害人，一神仙路过捡来一大块石板永远盖着洞口，猪精也出不来害人了；此处后人曾经修有尼姑庙，河对岸就是后来人们称的尚响——前述马号瓜南西赶集地迁至尚响，据"石洞"谐音称"施洞"），走不动了，天就亮了，她们于是便化成一座大山，就是金钟山。这一天是六月十九，她的丈夫到了香炉山（Baos biel jiol，现辖于凯里）后见妻儿没有到来，丈夫只好在香炉山吹芦笙呼喊。但他的家人终究没有来到身边。人们很同情他，每年六月十九，也跟着他在香炉山吹芦笙。直到现在，清水江两岸的苗民均认为香炉山和金钟山是一对夫妻山。

那么，"是谁开发的金钟山，并在何时开发的，我们不得而知。但我们可以说它至少在明代就开发了，《镇远府志》载'白云道人俗姓徐，名贞元，偏桥千户。明隆庆年间，已四十，忽弃家，慕长生之道。初至施秉金钟山，拟居之，未果，仍归偏桥。岁丁卯，偕同里周惠登辟云台为胜境云。'从这则记载，我们可以得知，在明朝隆庆年间，号白云道人的徐贞元就到那里住过，如果在他之前没有人开发金钟山，那他应该是开山鼻祖了。"

而今，金钟山脚下村寨星罗棋布，这里的人们视金钟山为神山。从古到今金钟山神保佑和呵护着这方土地，特别每逢庙会（六月十九），不知有多少善男信女前往山脚或勇敢地登上山顶焚香烧纸，叩求风调雨顺、家和平安。

金钟山

三、故满殿 ①

笔者曾在自己《岁月成歌》集子里一时心血来潮借"故满殿"写有下面这首打油诗。

> 白花庵上皆翠柏，
>
> 故满殿堂藏山间。
>
> 昔日叩拜客不绝，
>
> 感恩殿主常开颜。
>
> 赐福平安山乡里，
>
> 消灾避难与人愿。
>
> 文革伐林又毁殿，
>
> 何时仁者来复原？

从平地营沿河而下约 2 公里、偏寨隔河对岸、清水江北岸的坡岭叫白花庵（也叫白花山）。这里，曾经满是苍松翠柏，有座庙宇被幽静的古木森林遮掩于山间，这座庙宇当地人们叫"故满殿"（Ghout mangx hxenb yinl said，故满仙人的家）。殿大门石级阶前有两棵高大的樟木树（现仍在），那时每逢庙会，不论汉族与苗族，到这里来烧香跪拜的人络绎不绝，袅袅香烟由这里挤进树缝，如飘带飘向天空。外观故满殿，一栋三间青砖青瓦翘檐似的窨子房，留有的正大门朝着远处犹如刀削的金钟山。漫步大门外石级，驻足门外，殿中凸出两米多方形的封砖墙直顶楼板，在这凸起的封墙外摆着一张长桌，桌上放有三个香钵，香钵下放有一口大铁锅，专门做烧纸钱之用。但不少人也在这之前（门内）叩拜烧香烧纸。

据平地营 70 余岁的刘永乾（古五）老人回忆，故满系台江县施洞镇偏寨

---

① 　此部分内容为张乾才忆述。

人，大概生于清朝初年。生下来后就不吃妈妈的奶水，一吃就吐，是靠喂米浆长大的，长大后也一直不吃荤而吃素。故满幼时读书很用功，一辈子不婚，家庭较殷实，于是 40 岁后到隔河白花庵上修起后人称的这栋故满殿，自己到殿中来吟诗诵经、积德行善，住持殿里多年。逝世后，后学杨氏（三穗人，因故古五的妈妈也姓杨，民国年间还和故古五的妈妈认姊妹，时常来刘家）将其师父故满梳洗后穿上长衫躺在殿正中的椅子上，就像平时休息一样，然后用青砖砌成方形围墙直至楼顶把故满围在其中，自己又继续住持这座殿宇。

20 世纪 60 年代中后期，故满殿也未能幸免，毁于文革热潮之中，故满的尸骨随之也被抛丢在附近路旁。加之乱砍滥伐，曾经古木茂密的白花庵也在那几年变成秃顶的坡垴。幸好殿前的那两棵樟树免于毁坏，今还犹存，至今四五十年山中不被伐砍，白花庵又已绿树成荫，远望白花庵，那两棵樟树依然醒目，给人一种回味无穷的遐思。

故满殿遗址

四、酒场无歌失面子而请师

苗家时逢喜事饮酒，人们常用酒歌来祝福酬谢；席间，老人们往往都用酒歌曲调来传唱历史、歌颂民族英雄和祖宗的基业。

平地营刘姓姑妈嫁到双井龙塘，有一年姑妈家起好新房立了大门，请舅舅去庆贺吃酒。到吃酒这天，平地营刘故腰带着族人抬着酒、挑着糯米饭等高高兴兴地上龙塘姑妈家去了。席间，堂屋长桌上摆满了丰盛的菜肴，中间还放有一只煮熟的公鸡，鸡背插有几根红、绿、黄的纸旗。这时龙塘姑爹请舅爷刘故腰等二人就坐神龛下（上八位），本寨族人及其他亲戚坐在长桌周围。主客坐定后，姑爹即请舅爷唱歌（Xiangx gheib），送个富贵吉言。刘故腰说白话平时倒是能说几句，要说唱歌确实外行。他也知道自己所带去的人各个都不会唱歌，只能一推再推，而姑爹却又一请再请，刘故腰只有当作众人半开玩笑、半认真地说——

WaL ngangt gheib bongd jiongd,	我两眼看鸡，
Gheib ngangt wal bongd jiongd,	鸡两眼看我，
Gheib nis mas senx khongd,	鸡两眼平睁，
Meib dius hsait gheib jied,	拿刀来砍鸡，
Ghaib kat sal ngangl diud,	主客全吃去，
Dlas xiangf lax lax dad.	富贵各个拿。

听舅爷虽是开玩笑但也讲了吉利的话语，然而姑爹心中还是不太满意，就对舅爷说，舅爷是谦虚或是对我这次喜事不太乐意，才不肯唱歌。舅爷一再解释自己确实不会唱。姑爹这人性格也倔强，不达他的目的不罢休，就说："既然舅爷不想唱，我也没办法。但娘亲舅大，今天我立大门的喜事，肯定要讨个吉利，同时也让在座的主客在此开心尽兴，能否请舅爷拿 1200 个铜钱（Dad vib Dlat aob niex），我自己请寨人唱，行吗，舅爷？"刘故腰被逼得无奈，当即答应，并马上拿出钱来让姑爹请他本寨的人来替唱，才算罢休。

因为此事，刘故腰觉得很失面子。回到家后，他恨姑爷寸步不让，让自己丢了面子，转念又不恨他，姑爷的确按照苗家的礼数行事，又何怨之有？刘故腰认识到了苗族酒歌的重要性，下定了决心，非教子教孙懂歌不可，要让子孙能懂会唱歌。打听后，知道离自己不远的老县务榜香在其周围十里八寨，不仅懂得苗族古歌，而且酒场上即兴发挥也让人叹服敬佩，于是登门请师教歌。第一、二次，刘故腰只是讲族中人丁兴旺，倒是有一两个人读书，但懂歌的确实没有，有时来人来客没有那种热烈的氛围，欲请务榜香前去教下族人。务榜香推脱，并说——

Bub leix ngal,	知书懒惰，
Bub xis xiat,	懂歌多愁善感，
Hsex dieb suans panl,	会打算盘，
Nas nax jiub hsent xiat,	帮别人算账，
Hsex hsaob liongl bab,	会吹唢呐，
Nax jiub dad dangd aob bat,	别人拿当二百，①
Bub leix bub xis dieb suans panl hxaob liongl bab,	知书懂歌打算盘吹唢呐，
Ghox lius dal ghaot hfat.	就像乞丐一样。

刘故腰决心已定，也就豁出去了，有似《三国演义》刘备"三顾茅庐"，直至刘故腰第三次登门，并把在龙塘姑爷家丢歌失面子的原委说了一遍，务榜香才勉强同意。因为她已看出刘故腰学歌的诚意。

务榜香吃住就在刘故腰家。刘故腰以每个月一斗（50斤）米作为务榜香的教歌报酬。在务榜香教歌期间，不仅刘故腰学，他还喊族人晚辈及寨邻的年轻人来学。通过务榜香两三个月的教练，刘勤腰、刘昌明（六腰）、张影巴、杨光美（四兄）等都学会了。刘昌明、杨光美还是平地营的苗歌传承人。在刘昌明、杨光美的传教下，后有姜世洪（荣当）、张元禄（三天）、刘永乾、吴必明（明土）等也学会了吟唱苗歌。

其实，在刘故六、杨故四那一代，平地营懂歌的还有务翁乃、务贵泡两

___
① 指傻里傻气。

位老奶奶。她们的歌是由娘家带来的，然而她们的心胸有点狭隘。务翁乃不是她吴家本族人她不教，务贵泡无后人她不想教，所以她们的歌也随其带到泥土里了。

如今，姜世洪走了，张元禄80多岁了，刘永乾也72了，稍年轻的吴必明也63了；女的如吴勇归、杨秀平、吴花银、刘留桑、张花义等也能唱一些，但都已60多岁了。平地营现在不要说苗族古歌，就一般酒歌也后继乏人。希望平地营的后人们，趁早学习苗歌。否则，苗歌在我们这一代将彻底失传。

五、三姐妹给哥说亲

很久以前，有一家四兄妹，大哥叫九马角，大妹叫腰马角，二妹叫兴马角，三妹叫刚马角。父母亲辞世了，四姊妹相依为命。他们在相互照顾中渐渐长大了，三个小妹相继也成了家，而大哥九马角尽管长得英俊、干活也很勤快，但人憨厚老实，话语更是少，同寨同龄人都已成家立业，而他却迟迟没能结婚当家。三个小妹也为大哥着急，听说枫香寨故马呆鲁老人有一姑娘，样貌漂亮，心灵手巧，描花绣朵更是不错，家务活儿样样在行，方圆十里八寨人们踏破门槛来提亲，年轻后生纷纷进寨来追求游方，都没有一个能赢得姑娘的芳心。于是，三个小妹抱着试一试的态度，就去枫香寨故马呆鲁家给大哥试探说亲。

到了故马呆鲁家，故马呆鲁问三姐妹："你们来做哪样？"三姐妹回答："为着我家大哥，我们来您家讨酸汤菜吃。"故马呆鲁又问："你家穷或富呢？"

三姊妹回答：

Gongx dlingb jiuf diut jiel,	项圈十六个，
Dliangb ghongd jiuf diut jiel,	项链十六条，
Jiel jiel jiuf diut liangl.	各个十六两。

故马呆鲁即说："那样，你们怎么不带来？"

三姊妹又回答：

Manx fangb naot ghout diol,	您地多强盗，
Guob liob soux diub biel,	强盗手头抢，
Bieb xieb max dad laol.	我们怕拿来。

故马呆鲁听后故意说："那么我要二百两，改天送来。"他认为这样高的要求可能会吓倒三姐妹，她们家里舍不得拿这么多的银两。然而三姐妹却马上说"好！"接着补充：

Mox oud aob bat liangl,	您要二百两，
Wal bab dlaob bat liangl,	我送四百两；
Diaos mox ghaib dlaob bat liangl,	如您喊四百两，
Wal bab yif bat liangl.	我送八百两。

到此，故马呆鲁再也无法问下去了，就说："那行，等我杀只鸡我们煮了吃，你们三姐妹再回去。"故马呆鲁是想确定一下自己的姑娘与九马角是否有姻缘关系。待他杀好鸡洗干净开始煮时，说有事出去一会儿，要三姐妹看着正在锅里煮的鸡，熟后他回来大家再一起吃。三姐妹心里是明白的，却也不是省油的灯，故马呆鲁一出门，她们就用两根木棒架在锅上，并将鸡脑壳架在两根木棒上，煮的是鸡身而未煮到鸡脑壳。待鸡煮熟后，故马呆鲁老人也回来了，他老人家一看鸡脑壳，两只眼睛还是和杀时一样，全睁着。故马呆鲁只好对三姊妹说："看来，你家大哥和我姑娘的这门亲事算是成了，你们回去就和你哥说，准备办他们这场婚事吧！"原来苗族办好事杀鸡宰鸭就看鸡鸭的眼睛，如果煮熟后两只眼睛全睁或全闭表示吉利，如果半闭半睁表示不吉利。父母还健在时，三姐妹就听说过这些事理。今天故马呆鲁老人

以此来看姻缘成败，她们自然就会做起煮鸡身而不煮鸡脑壳的高招来对付故马呆鲁老人。而今，苗民们在过年过节、办红事宰杀鸡鸭也习惯看鸡鸭的眼睛，预测吉凶祸福。

之后，故马呆鲁也到九马角的寨子考察了解了九马角及他的家庭情况，九马角确实像人们所说的那样，家境殷实，人不仅长得帅气，而且干活勤快，只是憨厚老实、话少。回家与姑娘说后，姑娘默认了，九马角终于成家了。而他的三个小妹为他说亲的故事也一直流传至今。

六、公公接儿媳妇回家

苗族婚姻，除第一次吃喜酒外，还要喊三次媳妇，新娘才真正长坐男方家。这三次都是男方家找家族或寨邻两个大人（男女均可）或两个小孩去喊。在此以前大都是公公去喊。传说以前一位公公去喊儿媳妇，亲家做了一桌好菜好饭，就让自家人陪姑娘的公公吃。公公看着一桌丰盛的佳肴，却怎么也咽不下去，即对亲家说："亲家，你的这一桌饭菜虽然很丰盛，可惜就没有香料，不怎么好吃。"姑娘的父亲即说："亲家，这些菜我都放有葱、蒜、姜等佐料，你还说不香，我真的不知道该怎样做了。""你不觉得很难吞咽吗？"公公说后亲家细想了一下，却出门喊来家族寨邻男男女女一起来吃，说说唱唱，吃喝欢笑。这时公公才对亲家说："亲家，这时这么多人来陪我吃，我觉得香多了！"正因如此，现在苗族人家只要来人接女儿回家，主家都要邀约邻里相陪，邻里每家你拿一个碗、我拿一碟菜来陪喝陪吃，再送客出门。

附录八　一方水土养一方人

一、平地营山地森林及水源利用

山地森林　寨右上方三道沟到蚊子坡沿梁往左斜下一直延伸到寨背后，基本没有其他寨子掺杂其中，都属于平地营的林地。另有大沟、小沟、打蛇冲、大随冲、桐油冲、盘龙坳、平搞、中行坡、罗家冲、大浪坡、贡梦冲等多处，临界涉及偏寨、石家寨、老县等，较为零散杂乱，但通过土地承包、林改多次踏山确认，现已基本明确。现全寨有山地（含退耕还林）约 1520 亩（粗略统计），户均 16 亩。森林覆盖率 50% 以上，户均森林 8 亩左右。可用木材（主要指松木，树干比碗口粗的）户均 160 方左右。

1949 年前，平地营山地面积较宽的有刘跃明、王文光、张元习、杨光豪、张永松（松报）、杨桥生等几户。集体时期，全寨山地为 1949 年前各户所有的山地，江西街与平地营为一个生产大队，江西街山地较少，于 20 世纪 70 年代调平地营打蛇冲（主要是三生产队的山地，约 100 亩左右）作为大队山（实则给江西街伐木使用）。从 1963 年开始，寨背后实行封山，山地归集体所有，其余平地营二、三生产队各自管理所辖土改时各户所有的山地。20 世纪 70 年代中晚期，二生产队各户管理自家原有的山地，三生产队分成若干生产小组，将山地按好搭差分到各生产小组负责管理使用。土地承包到户后，二队不变，三队划片承包到户，每户都有责任山。2008 年，根据林改方案，基本按照每户的责任山调整，增减不大。

这些山地有松、杉、枫及青冈等多种杂木，以松木为主，杉木次之。寨背后封山 50 余年来，曾经有目的、有计划、有选择地砍伐过两次，第一次，1973 ～ 1974 年为增加集体收入砍伐红白青冈烧炭及发菌种；第二次，1998 年为完善寨内附属设施，承包一片给砍伐商，寨背后各户田边土角所有的杉木、桐子、果树等基本都属自己管理自己使用。其余山地也曾砍伐后作为生产队收入，如20世纪70年代初，二队集体砍伐贡梦冲，三队将中行坡等处承包给本队姜世贤（生报）和刘永辉（水六）砍伐，二人拿头等工分。是时，起房造屋用木，申请得到集体批准后，可在各自生产队管辖的山地根据批准立方数随意砍伐，此后在自己的责任山砍伐。

土地山林承包到户30多年来，寨内修的房屋一般都是砖木或砖混结构的，比过去大大少用了木料，加之家庭燃料也少用柴火，由此，所有坡垴、冲沟山地现已绿树成荫。

水源利用 清水江水系除国家、省、州水务部门按有关规定实施管理外，沿河两岸苗族村寨为方便自己生产生活，一般都在维护和管理自己寨脚河水和河岸地带。如在河岸处修筑洗衣洗菜的石级梯坎、船只停靠的渡口码头等，还有栽花种草、种树，置休闲木（石）凳，方便寨人农闲时到此休闲侃谈或观赏美景。平地营也不例外，大概明清时期就修有鹅卵石路面，由寨口通寨脚水井一直到清水江边，不时修整河边的沙滩，20世纪70年代末，为方便寨人在龙船棚上方洗衣洗菜，用水泥、砂石筑起了较宽的梯坎。还曾听说，寨脚河（侯柳代）至深塘是张元习的父亲张正禄（保洋）清末时期用三升米从偏寨某人处买的；往下深塘处有一鱼洞，是寨上张故桑家买的，过去从不允许任何寨外渔人到塘中或洞口处网鱼或钓鱼。

饮用水 全寨有四口天然水井，分别在寨脚（Eb mingt xiongb）、寨上方（Mingt ghab diongl jiol）、寨左（东）方（Mingt nangl）、寨中央（Mingt ghab diongb vangl）。

寨脚井中内壁是刘跃明用碗碎片镶制的龙

寨中央张元习家屋后水井

　　这四口井除寨上方、寨左（东）方、寨中央三口在旱年有时干枯外，寨脚水井长年随时不断，且井水冬暖夏凉，味道甘甜。曾经河对岸塘龙寨每到入夏清水江洪水涨时，都要撑船过渡到这口井来挑水吃（该寨一直饮用清水江河水）。在马（号）六（合）乡村公路未通时，这条老路由平地营寨脚过，盛夏时分，过往行人都要到这口井边饮水歇脚，这里古树枝叶繁茂，枝丫藤蔓缠绕，坐在树荫下井边的石凳或木凳上，河风徐徐拂面，感觉非常惬意。

改革开放后，在农村人畜饮水工程支持下，平地营于20世纪末从三道沟源引进了自来水，在寨后建起了蓄水池，水管安进了各家各户，解决了人畜饮水问题。有了自来水，而今寨上四口井已经闲置不用，但除其他三口井外，人们仍在盛夏时去寨脚水井挑凉水来解渴。三道沟源头水不仅现在为寨人饮用，过去也修有渠沟，灌溉平地营寨左下方的田坝。

二、平地营的田土耕作

平地营耕田在本寨坝、盘龙坳和老县坝相对较多，少部分在屋后坡塝上，最远在约10公里隔河的施洞镇的井洞坳寨（Vieb dieb）。本寨田在本寨坝子约1/10左右，平地营这个坝子，施洞、柏子坪、塘坝、塘龙、偏寨、石家寨、江西街、平地营多个寨子的田都在其中，偏寨最多。现平地营全寨有耕田200余亩，水田不到1/3，旱田占2/3以上，人均0.5亩左右（水、旱田一起）。

1949年前，张元习、刘跃明、张元坤、王文光、张务桑、吴务翁等户田地较多，1949年后平地营所有耕田为土改时各户所分得的田，土地承包时，各户按人口根据土改时所得田自选，多的退出，少的调补。由于平地营耕田面积少，加之旱田多，所以几乎都是靠天吃饭。特别是集体时期，由于管理不善，加之品种产量低，较早时有麻谷、雀雀谷、白新谷等几个品种，好的年成亩产也只有五六百斤；继之有珍珠矮、袭稻及本地马溪谷等几个品种，产量稍高一些，但也只有七八百斤。因此，尽管时常掺和杂粮（红苕、洋芋等），较多的人家每到翻年过后，都要借粮食吃，年年如此。土地承包到户后，人们暗自发奋：不仅要填饱肚子，还要争取过上好日子。于是，勤劳耕耘、管理有方，优选产量高的品种，先是贵潮，随后是籼釉，再是现在隆两优、科优、五四四五等，这些品种亩产均达一千斤，甚至有一千一二百斤，基本解决了温饱问题。随着生活越来越好，贵潮品种产量虽然高但饭粘而不糯，人们已放弃多年，而如科优、五四四五等品种不仅食糯而且产量高的，种植比较普遍。现在的平地营主粮当年做也够下一年吃，有较多的家庭剩余劳动力常年外出打工，还有部分家庭在完成自己责任田的同时还承包他人的田来种。

而今，在坡塝上的田，缺劳力的家庭不再耕种了，即使做，也是种一点小季，真正耕种集中在坝上田间。全寨近百户人家有 80% 家庭有耕牛，现在仅有六七户养耕牛。现在春耕生产时，大都是在用耕地机犁田；秋收用谷斗的现在也已经很少了，取而代之的是脱谷机。

由于清水江沿河两岸苗民习惯日常食用鲊鱼、酸鱼，而制作鲊鱼、酸鱼，田鱼比河鱼还要可口，所以，无论过去还是现在这里的人们坚持稻田养鱼，雨水好的年份旱田同样也稻田养鱼。有水田过冬的人家，连年都要为下一年稻田养鱼提供鱼苗。稻田养鱼，一是既得粮食又可获鱼吃改善生活；二是养鱼的田比不养鱼的田水稻病虫害少，同时也增产。资料显示，稻田养鱼能够促进生态环境优化，增强抵御自然灾害的能力；稻田养的鱼食用大量的蚊、虫、螺类，可以遏制各种水稻病，因此养鱼的田比不养鱼的田增产。

平地营有土不多，户均不足一亩，分布在所辖坡垴沟冲上，较为分散。集体时期这些地种植的是小麦、油菜、红苕、洋芋、苞谷、黄豆等。而今，所有远处坡塝沟冲的田土虽说已经责任到户，但都已退耕还林，唯有近处寨后，户均不足 0.3 亩，平时种点小菜食用。

三、平地营改革开放后的蜕变

改革开放以来，沿海城市的开放，吸引了不少农民进城打工经商，他们通过拼搏努力，收入翻了几番。

平地营苗寨今有 93 户人家（不含长期定居在外的 4 户），总人口 447人。20 世纪 90 年代初，外出打工的仅有不到 20 人。三五年后，他们掘得

第一桶金回来，本寨外出打工人员数量飞速增长。从 20 世纪 90 年代中期至今，每年均有近 100 名青年男女在外打工（有几户全家在外打工）。

改革开放以前，女人家藏苗族衣物不便统计，但有姑娘的家庭的银首饰可以了解。那时平地营银首饰齐全的家庭并不多，最多不超过 5 户，所以较多的家庭姑娘出嫁，银首制都是东凑西借来的。而今，有姑娘的家庭一般都有一套银首饰，现全寨配齐银首饰的已有 40 余套（每套 8～10 万元），这些首饰大部分都是年轻人外出打工赚钱制的，也有少部分是在家勤劳生产所得自制的。苗族衣物比过去靓丽，品种也比过去多样，如欧香（Ex dliangs）、欧涛（Ex taob）、欧轰蒙（Ex hongb mongl）是苗族妇女最高档的服饰，而这几种衣物还有更细的分类，除欧香只有极个别有外，其余服饰她们大多都已齐备。且这些外出打工的姑娘还添置了时尚服饰，款式也随着潮流变化，穿着打扮讲求个性。过去在家做农活的人们平时穿衣补丁摞补丁，不管男女，五六十岁以上的一般都是通过自己种植棉花，妇女自纺、自织、自染土青布衣裤；小孩逢年过节得到母亲用家机布缝制的新衣裤也就满足了，从来没见谁穿过球鞋上坡，一般都是草鞋或是到市场上割的轮胎底水胶鞋……而今，就算是农民，穿补丁衣服的也不多见，且也无草鞋（今能穿上草鞋的反而是一种珍贵稀有品），上坡干活都穿着球鞋，就连犁田的农民，光脚板的也少见了，较多的是穿着长筒雨靴犁田。

平地营人均耕地面积仅 5 分左右。集体时期，由于耕地面积少，品种产量低，朝吃晚粮是常有的事。尽管杂粮参饭，仍是顾得了上顿而无下顿，年复一年借吃拖欠。改革开放之后，随着党的"三农"政策不断深入人心，人们的观念发生了转变，现在不仅吃饱还想吃好，部分家庭还有结余。很多家庭时时备有自酿米酒，来人来客有酒欢歌。从整体来说，过去缺油下锅，现在按时髦倒讲"回归自然"，尽量吃粗粮，讲究对身体有利（多素少荤）的生活了。

改革开放前，平地营居住条件前文已述。改革开放后，据不完全统计，改变居所修建房屋 40 余栋，其中在家勤劳致富修建了 9 栋，打工、经商赚钱修建了 35 栋。竣工的房屋中，姜华（天生）、张当九三弟兄、杨昌卓（三根）等几户，建有如别墅似的楼房，让人赞叹。受刘永德（降八）在凯里购商品房的影响，刘云（乜海）、张乾忠（耶银）、张元富（卯保）、姜土桥、杨昌卓（和火）、张乾四（四林）、张乾五（五林）等也纷纷进城购房。

不是紧赶时髦，而是随着社会的发展，更为自己出行方便，现平地营年轻人有自己的小轿车近 20 辆，面包车及其他货运车辆也有五六辆，摩托车、小型三轮车接近半数的家庭均有。

男女老少都有手机，大大方便了联络。

此外，通过打工在外与汉族通婚，已经成为常事。随着时代的发展，家中父母也并无异议，已经乐于接受了。屈指数来，打工在外结婚的男青年有张耶银等五六名，在工作岗位与汉族结婚的青年已有 10 余人；女的就更多了，至今全寨男女青年与汉族联姻已有 30 余人。

从 20 世纪末到 21 世纪初，承蒙县、乡各级各部门的关心支持，平地营寨容寨貌也有了很大的改观。马（号）六（合）公路通车（20 世纪 90 年代初中期）后，进寨通车路修通了，寨上巷道得到了水泥硬化，在全县村寨较早地有了各家各户自己的卫生厕所，自来水进到各户门前等。特别 2017 年，在县委、县政府的正确领导下，平地营被打造为新农村，寨容寨貌与昔日相比真真正正发生了质的变化。较多家庭家用电器一应俱全，生活富足安乐。

到如今，党和国家的"三农"政策越来越实惠，给农民减免税赋，同时实行养老保险，全寨 60 岁以上 65 人，这一群体国家每月有 60 元的生活补助；看病就医有农村合作医疗；个别实在困难的家庭，还有最低生活保障等。也正是这样，寨里长寿的老人越来越多。据统计，60 岁以上（含退休在家）68 人，占全寨总人口的 15.2%；全寨 70 岁以上 30 人，其中 80 岁以上 12 人，最高寿者 92 岁。

更让人欣慰的是，受教育情况有了大的飞跃。改革开放之前，平地营正规中专（含高中）毕业 8 人（属寨里最高学历），其中 3 人还属"文革"时期"鸭子翻田坎式"的高中生，初中毕（肄）业不过 10 人，受当时社会影响及家庭条件限制，相当多的中老年人未能脱盲，适龄儿童也未能全部入学；至今本科毕业已工作的 6 人（不含娶进配偶），其中 1 人硕士研究生毕业，大专毕业有工作 5 人（含已退休 1 人），在读本科 8 人，大中专毕业未分配 4 人，高初中毕（肄）业在家务农（含工作已退休）8 人。现在外经商打工的青年（约 60 人左右），基本是初中及以下文化水平，适龄儿童（除残疾）基本全部入学。[①]

附录九　大事记

1265 年，在平地营成立前江军民长官司。

1444 年，平地营成为施秉县第一个县城——从化镇驻地。时任知县王林，举人出生，今湖北黄冈人。县城在平地营 6 年，于 1450 年移至老县。

民国年间，平地营与屯上、沙湾、江西街四个自然寨组成一个保，先属六合乡第四保四甲，后属金钟（今马号）乡第一保第四甲。

刘永贤民国年间黄平县初中毕业后读过余庆、施秉、镇远、台江四县联办简易师范（时为本寨读书时间最长的人），结业后办私塾。

1950 年，平地营第一只狮子（武狮）由刘老东编扎而成。1957 年正月，寨里筹资由张元福、姜世德、刘永贵三人冒着风雪到镇远购得一只狮子（文狮，比编扎的武狮大）。

继 1950 年杨光富、姜世新、杨通德、张元福参加抗美援朝后，1968 年张八保、1974 年刘永庆（土生民）和刘永德、1982 年刘永荣（荣八）、2000年张世明（林松）、2019 年杨施镇（施镇三）也光荣入伍。

王文昌 20 世纪 50 年代中晚期就读于四川地质学校，成为本寨第一个中专生，毕业后就地参加地质工作。

---

① 载施秉《舞水》改革开放特刊 2018 年第 6 期。

1958 年，平地营有劳力的男女到老县深耕。

张元仁 1965 年毕业于黄平县民族中学，是本寨第一个高中生。

1970 年夏，平地营原独木龙舟及龙棚被洪水冲走（毁）。

"文革"时期，平地营独木龙舟龙头、两只狮子被毁。

1980 年，刘跃明、张元福编扎了狮子头，平地营狮子灯恢复。

1980 年，多方筹措后，刘跃明等雕刻龙头、刘永达等打造龙身，平地营独木龙舟恢复。

张乾才 1986 年考取成人高校——黔东南州教育学院数学系，成为本寨第一个大专生。1988 年毕业仍回原单位——施秉县教育局教研室工作。

姜再花（明花发）1988 年毕业于贵州省林校（中专），分配到施秉工作，后通过在职函授学习考试获本科文凭，是平地营最早工作、又是最早取得本科学历的女士。

20 世纪 80 年代初，张元禄修起平地营第一栋砖木结构房屋，王文光、张元坤（银九）、刘永乾（古五）等也相继起修建砖木结构房屋。

1987 年，张乾新（荣保海）第一个买了黑白电视。

20 世纪 90 年代初，马（号）六（合）公路通车后，1995 年经多方筹措，平地营修起一条宽 4 米、长约 800 米的岔道进寨通车路。

1996 年，自筹资金（上级资助水泥）硬化寨上巷道。

1997 年，处理寨上背后山木材赚得 6 万元，用这笔资金安装有线电视。

1998 年，自筹资金、投劳修建人畜饮水第一个池子，同时将自来水引到各户门前。

1999 年，寨上改造电线杆，同年恢复寨脚及寨下两座菩萨庙。

1999 年农历三月十四，接待省政协、省旅游局、县、乡领导到平地营过姊妹节。

2000 年，在施秉县爱国卫生运动委员会办公室的关心支持下，有 60 户自筹部分资金完成农村改厕（属县首批），同年完成农网改造。

2001 年 3 月，建起踩鼓场；同年 5 月（农历四月初十），平地营姑妈回娘家贺踩鼓场（姑妈首次集中贺仪），100 多位姑妈共资助 4270 元。

2002 年 12 月，平地营被县委、县人民政府授予"文明村寨"称号。

2003 年，平地营被黔东南州人民政府授予"卫生村寨"称号。

刘永德，1983 年第一个买解放牌大货车运营，1984 年第一个买拖拉机运营，1988 年第一个买彩色电视，1995 年第一个买有中巴车运营，1998 年第一个安装座机，2002 年第一个购买小轿车。

继施秉县 1999 年首届杉木峰漂流节后，受县委、县人民政府邀请，平地营独木龙舟分别于 2000 年（第 2 届）、2009 年（第 7 届）的端午节（五月初五）两次到施秉县参加漂流节活动，受到施秉各界民众的欢迎。其中 2000 年这一次活动后的晚上施秉小河猛涨洪水，停靠在红卫桥下的龙舟牵绳绷断流走，上摇群众接得龙身（子母龙），下摇群众接得龙头（龙角已断），桡片全部丢落河中。

2003 年 11 月 8 日，施秉县委、县人民政府赠送一台彩电及一套音响设备，方便本寨开展文娱活动。

2004 年农历十月十五，接待台湾省游客 41 人。

2005 年，县民政局批准成立"平地营苗族风情生态旅游协会"，张元茂任协会主任，刘跃明任协会秘书，张乾豪任协会成员。

2012 年，平地营打造第二条独木龙舟（姑妈第二次来贺）。

张元贵、刘景生、张乾、刘明二十一世纪初相继毕业于黔东南州师范专科学校（后改为凯里学院）；另外，刘忠华（龙华荣）贵州大学中文系本科毕业后，努力上进，考上了硕士研究生，获得了硕士学位。

2017 年，在上级领导的安排支持下，平地营修建寨前休闲场地、亭阁、苗族文化图案、篮球场、人行栈道、厕所等，寨容寨貌有了很大的改观。

2017 年，平地营打造了第三条独木龙舟，且当年举办了划龙舟活动（姑妈第三次来贺）。

2018 年农历正月初三，平地营姑妈（第四次）回娘家贺寨新貌，并送了一对石狮置放寨口护寨。

恢复龙舟竞渡后，平地营在端午节期间，1981 年张正祥、1982 年王老金（故金）、1987 年刘昌奎（八满）、1991 年刘永贤四位鼓头组织活动。其余年份均无鼓头、是以寨子为单位组织的。

后 记

　　这本书终将与读者见面了，它的诞生还得感谢贵州大学历史与民族文化学院刘锋教授。刘教授确实是走遍苗乡山寨，一直忙碌于田野耕作的"老农"。虽是同乡、同学，离家多年，但他对我们寨子的一些人文风貌、历史典故等也略知一二。故，几年前曾就提醒我："可以把你的寨上写一写，不管以哪种形式，搞出来肯定有意思的。"由于本人知识水平实在有限，当时也只是支支吾吾地搪塞过去了。可以说，刘教授对平地营熟之有因，书中提到的刘永贤与刘教授之父刘学年同窗多年，同学间无话不说。刘教授受父亲影响，加之近年来他几次到过平地营苗寨，与寨老们侃谈，必然了解平地营一些概况。2018年2月21日（正月初六），他带着施秉县在筑商会的董事长龙坤、秘书长龙胜武与自己的几个学生，并邀本县政协文史委宋永泉、刘正国和我又到平地营，我们一起在寨主家，商议写点关于平地营的东西，大家议定要我具体负责。刘锋还代表施秉县在筑商会捐献一万元人民币作为本书资料收集与书写费用，看来动真格了。我一时深感担子非常沉重，但不知如何推诿。本寨人做本寨事，是理所当然的，然而心里确实担忧搞出来的东西贻笑大方。作为高中、师范四年同学，刘教授是非常了解我的。正因如此，他了解我的心思，并对我说："不要顾虑，搜集到什么就写什么，最后大家再来斟酌。"再者，通过刘峰教授到寨上两次召开相关人员座谈会，寨人大多数都认识到：能够挖掘、整理出自己的"寨史"以及文化状况，这是对子孙后代非常有益的事。在刘教授的支持鼓励和寨人的认可下，我硬着头皮做起来了。

　　返回施秉后，我琢磨许久，拟了大概提纲，通过永泉、正国转刘教授修改，照修改后的提纲经过两年多的时间完成了这本书的初稿。

　　《平地营：清水江畔一个苗寨的历史、社会与文化》，只是梳理了平地营

700多年发展变迁的梗概。若能抛砖引玉，引起更多人关注平地营苗寨，我就感到欣慰了。

书中不少内容所涉及的不仅是平地营，同时包含周围附近苗寨。因为平地营苗寨不是孤立地存在，而是与整个地方有各种各样的关系，厘清这些关系才能全面了解平地营。

书中有不少内容照搬自己原来《岁月成歌》和《苗乡情怀》两个集子里的一些东西，同时也录用了如宋永泉、吴安明等的一些文字，摘录了其他一些东西，这些在书中都有说明。

在搜集历史、习俗、生产、歌舞等材料时，知情的寨人纷纷向我提供相关资料。刘跃明主动将其父民国时期的读书笔记及相关资料搜集给我，同时并根据父亲健在时的言传还写了一些回忆录送我整理。故古五给我讲述了一些传奇神话故事，张乾忠（水松）还提供寨名的传说等。当然，更多的是我上门去找他们了解情况，在这个过程中，多亏了他们耐心细致的介绍。在笔录鬼师"扫寨"巫词时，我反反复复询问多次，张元坤（够银九[①]）不厌其烦地回答和解释，才使过程慢慢清晰起来。吴国泰（够保龙，已故）、张元福（够松天）、刘永乾（够古五）、杨光豪（够平土）、张元习（够和保）、张永松（已故）、吴明土等也付出不少心血。特别要提到的是邻寨江西街张正发（够景生）主动与我联系，说他收集整理了一些传说故事，让我参考。我看后，录用了他收集材料中整理出的榜香尤的传说故事。还有，施秉县城苗族鼓舞内行务勇归红（胜秉人），她虽不是平地营人，然而当我登门请教她的鼓舞时，她不厌其烦，而且还亲自表演。平地营的张乾芝（秀英水）积极提供服饰实物，供编者拍照。另外，张元茂、刘永达、张元福、杨光豪、刘永乾、王文光、吴必明、姜再勇诸君在本书的成稿过程中也给予了诸多帮助，在此一并感谢！

初稿出来后，相继得到罗义群、宋永泉、姚本亮等老师及同事的帮助，

---

① 在苗名前加"够"以示对人尊敬，下同。

他们提出了很多很好的修改建议。还有，作为副主编，本寨刘跃明父子俩不仅查缺补漏，而且刘宗华工作之余也做了细致的推敲和修改。本书所用图片由奉力、吴安明、张勇等提供。图片处理承蒙原同事磨桂宾主任及县委宣传部吴寿旭贤弟帮忙。终稿审定时，贵州大学的刘锋教授和靳志华老师花了不少时间，费了不少精力，做了很多修改和润色。在此，作为撰写人之一再次感谢。

刘锋，不仅是本书的发起人，而且时时过问，善始善终；不仅做了序一，而且支付了一大笔费用方便使用；贵州民族大学叶成勇教授携学生一行于 2019 年 8 月下旬到平地营了解民风民俗，知道编者忙于编书，百忙中挤出他宝贵的时间也作了序二。在此深致敬意！

寨里人也都非常关心本书编撰情况。为写"鼎罐亮，妇人样"需用鼎罐图片，寨老张元茂向全寨妇女询问，吴必明媳妇在寻找的过程中，不慎从木楼梯上摔到地上导致手臂骨折，编者在此表示深深的歉意！

由于编者水平有限，虽经审阅，书中难免还存在这样或那样的不足，恳请读者见谅！

张乾才（荣水）

部分乡贤合影

前排左起：张元习（和保）、张元福（松天）、杨光豪（平土）、刘永乾（古五）

后排左起：杨昌辉（勤海）、张乾才（荣水）、刘跃明（荣贵粪）、张元茂（秀林荣）

姜再勇（勤生）、吴必明（明土）、刘永达（莫八）

旧貌

新颜

2000年平地营龙舟参加施秉县第二届漂流节

2009年平地营龙舟参加中国·贵州施秉第七届杉木河漂流节

2009年独木龙舟比赛鼓头——张元福

2009年独木龙舟比赛锣童——吴朝才（瓜保富）

激情踩鼓舞

平地营应姊妹节联欢晚会

童帽

欧香（Oud dliangs）正面

欧香（Oud dliangs）背面

秋把涛（Qiub bab taob）

秋把啥（Qiub bab sat）

苗族妇女服饰